I0711903

Edición: Mundiediciones / Política
Editor: José Luis Gómez
Directora: Judith Muñoz Macho

mundiediciones@mundiario.com

Primera edición: Mayo 2021
Diseño de portada: Antonio Sangiao

BIDEN Y EL LEGADO DE TRUMP

Andrés Hernández Alende

ÍNDICE

Prólogo

Portada de premio, libro de premio y autor de premio

Por José Luis Gómez

La llegada del demócrata **Joe Biden** a la presidencia de **Estados Unidos** supuso un giro en muchas áreas de la política interna de la primera potencia mundial y también en las relaciones internacionales. Visto lo visto con su antecesor, el republicano **Donald Trump**, el relevo en la Casa Blanca inspiró optimismo dentro y fuera de los Estados Unidos. Otra cosa es que se vayan a cumplir todas las expectativas.

El libro **Biden y el legado de Trump**, un interesante análisis del cubanoamericano **Andrés Hernández Alende**, columnista de *Mundiario* y analista político, aborda precisamente este gran asunto, para lo cual recuerda lo que ha sucedido, tal vez como la mejor forma de saber lo que no hay que hacer. Nacido en Cuba, este autor más que contrastado vive en Miami (Florida, EE UU), donde también es colaborador del diario *El Nuevo Herald* y de la revista *Suburbano*, al tiempo que mantiene un blog titulado *El Blog de Alende*.

Andrés Hernández Alende ha publicado cuatro novelas: El paraíso tenía un precio, El Ocaso –entre las cinco finalistas del Premio de Novela de Concurso Latino de 2013–, De un solo tajo y Bajo el ciclón. Ahora, en este ensayo se asoma desde EE UU a un mundo donde todo está un tanto desdibujado.

Oriente, Occidente, Rusia, China, EE UU, la UE, el judaísmo, el capitalismo, la extrema derecha, la extrema izquierda... unos y otros representan intereses e influencias y juegan cada uno su juego. Tanto es así que el enemigo de hoy puede ser tu amigo dentro de un rato. Toca volver, pues, a la geopolítica y a las tendencias históricas, sin olvidar una cosa más, que no por repetida hay que orillar: el mundo se adentra, como los viejos exploradores, en **un terreno desconocido**.

Los actuales conocimientos y experiencias valen para el pasado, poco para el presente y probablemente casi nada para el futuro. Por eso se agradecen voces que contribuyan a arrojar **luz** sobre estos asuntos tan complejos.

Biden y el legado de Trump es también la crónica de los cuatro años de la presidencia de **Donald Trump** a través de un compendio de artículos. Tras una portada creada por **Antonio Sangiao**, tan excepcional que llama la atención, el lector podrá recordar con sorpresa, al recorrer estas páginas, momentos desafortunados, desatinos, atropellos y arbitrariedades de una de las presidencias más polémicas y divisivas de los Estados Unidos, el controvertido gobierno populista de **Trump.**

Durante años, académicos y políticos europeos afearon las políticas públicas de EE UU. Sin embargo, a la hora de la verdad, EE UU lleva años y años demostrando que cuando vienen mal dadas su Estado responde. Lo hizo **Roosevelt** con el New Deal ante la Gran Depresión, lo repitió **Obama** en la crisis financiera de 2008 y lo ha vuelto a hacer **Biden** ante esta crisis del coronavirus. Europa no lo hizo en 2008 y en 2020/21 sí, pero con muchos menos recursos públicos para reactivar la actividad económica.

Pero ahora que **Joe Biden** defiende que los números importan y que es mejor unir fuerzas con otras potencias, por mucho que EE UU represente por sí solo una cuarta parte del PIB mundial, renacen también las esperanzas desde el otro lado del Atlántico, en la Vieja Europa. A fin de cuentas, EE UU y Europa se preparan para competir con China, que invierte en capital público e infraestructuras "mucho más desde hace mucho tiempo", como constata el profesor **Albino Prada**. Su esfuerzo inversor, aunque afeado por la construcción de más centrales de carbón, está pasando de lo material a la I+D. Además, en el 14º Plan Quinquenal se hace "un menor énfasis en el crecimiento económico y un novedoso énfasis en el desarrollo social", como también observa el autor del libro **El regreso de China**, editado por **Mundiediciones**.

De entrada, en el caso de **EE UU**, el primer paquete de estímulos económicos de la presidencia de **Joe Biden** supuso, por un lado, una firme apuesta por las políticas expansivas para luchar contra la crisis económica derivada de la covid-19 y, por otro, constituyó un mensaje inequívoco de sentido social a una clase trabajadora especialmente afectada por la situación. A fin de cuentas, la prosperidad de un país, como explican los profesores **Daron Acemoglu** y **James A. Robinson**, en su libro **Por qué fracasan los países**, está relacionada con la política económica que dictaminan sus dirigentes.

Al otro lado del Atlántico, la decisión europea de afrontar la crisis del coronavirus con un plan de estímulos conjunto supone también un importante avance en el proyecto comunitario. La **UE** no solo deja atrás la política de austeridad, sino que emprende, por primera vez, la vía del endeudamiento de la propia Comisión Europea para afrontar el programa **Next Generation EU**. También es un dato positivo que se haya aplicado un trato más favorable a los países que, como España, sufren especialmente la crisis. Otra cosa es que todo esto sea suficiente y que se esté haciendo al ritmo necesario.

Las otras dos grandes potencias mundiales, EE UU y China, han tomado la delantera en las cuantías y en los tiempos, por lo que el entusiasmo que hay en Europa, sobre todo en España, con los fondos europeos palidece cuando se observan los planes de Washington y Pekín. Incluso el Reino Unido, ahora fuera de la UE, se ha dotado de estímulos por el 12,5% de su PIB, en línea con el plan inicial de EE UU, de modo que estaría superando la cifra del país comunitario más avanzado en este terreno, que es Alemania. La comparación con España, mejor no hacerla, ya que incluso con las ayudas comunitarias, destinará el 6,2% del PIB frente al 25% de EE UU. Solo un dato más: en 2020 Alemania aprobó dos planes de estimulo por 286.000 millones de euros, sin recurrir a Bruselas. Y aún así su nivel de deuda sigue siendo mucho mejor que el de España.

En general, Europa va lenta: estuvo todo un año enredando para aprobar su gran plan de estímulos. EE UU no parece tener ese tipo de problemas: la Casa Blanca activa un plan, lo lleva al Senado, lo pasa por la Cámara de Representantes y a correr. Con la gran ventaja añadida de que Washington, con **Donald Trump** y **Joe Biden**, lleva aprobados tres planes de estímulos –5 billones de dólares– que multiplican por cuatro los de Europa. Todo parece indicar que los neoliberales europeos se han quedado sin discurso y que la Comisión Europea –controlada por centristas y democristianos– se ha quedado corta con el fondo de recuperación de 750.000 millones de euros. Ni van a ser suficientes los 500.000 millones en transferencias directas a fondo perdido para los Estados miembros ni los préstamos a esos países por valor de 250.000 millones.

Para **Andrés Hernández Alende** ninguna de estas cuestiones pasa inadvertida. Del mismo modo que había sucedido en la crisis de 2008, tanto la Administración como la autoridad monetaria de EE UU han optado por políticas expansivas; en 2021, con unas proporciones capaces de llamar realmente la atención. **Donald Trump** se ha quedado atrás.

En definitiva, portada de premio, libro de premio y autor de premio. Porque a primera vista, la portada de su libro **Biden y el legado de Trump** parece de premio. Pero el libro también lo es, algo lógico tratándose de una obra de un escritor y periodista de la talla **de Andrés Hernández Alende**, que marcó una época en la sección de Opinión del *Herald* de Miami y ahora es columnista de *Mundiario*. @J_L_Gomez

Prefacio

Un trabajo analítico

Por Judith Muñoz Macho

Cuando Andrés estaba a punto de aterrizar en España desde La Habana para trabajar como periodista, yo llegaba a este planeta y decía mis primeras palabras. Él ya analizaba la actualidad cuando para mí la actualidad era descubrir un sabor o un color nuevo en mi pequeño mundo. Por eso, es un orgullo –tal vez un atrevimiento– escribir este prefacio, antesala del compendio de artículos que conforman este libro: una crónica articulada que repasa los cuatro años de mandato de Donald Trump y la tarea a la que se enfrenta la nueva administración de Joe Biden.

El lector se va a topar en este libro con un analítico trabajo fruto del saber mirar más allá del titular. Un valor escaso en la profesión pero que Andrés atesora entre sus cualidades gracias a su larga trayectoria profesional como periodista que le ha hecho ejercer en Madrid, Nueva York o Miami. Ahora es columnista de *Mundiario*, medio del que nace MUNDIEDICIONES, la editorial que tiene el gusto de presentar esta obra en la que Andrés ofrece a los lectores importantes claves sobre Estados Unidos desde su residencia en Miami (Florida). Y es desde allí donde fue gestando durante cuatro años lo que hoy, usted, tiene en sus manos, ya sea en formato digital o en papel.

Con independencia de la posición ideológica de cualquier lector, no hay mayor placer que poder bucear entre las palabras de alguien que escribe en libertad y defiende que una retórica divisionista nunca hará crecer a ninguna sociedad.

BIDEN Y EL LEGADO DE TRUMP

Una nueva era en la Casa Blanca

El presidente número 46 de los Estados Unidos, el demócrata Joe Biden, ocupó su cargo el 20 de enero de 2021. Político experimentado, con una larga carrera en Washington, Biden representó al estado de Delaware en el Senado de 1973 a 2009. Después, de 2009 a 2017, fue vicepresidente de Barack Obama, el primer mandatario afroamericano de los Estados Unidos.

El antecesor de Biden en la presidencia, Donald Trump, no estuvo presente en la ceremonia de transferencia del mando, como es costumbre en la nación norteamericana desde sus inicios. Horas antes de la ceremonia de traspaso de poder, Trump voló con su esposa, Melania, a su residencia en la Florida. No estaba dispuesto a admitir su derrota participando en el vistoso acto público en el que Biden asumió la presidencia y su compañera de boleta, Kamala Harris, ex secretaria de Justicia de California, se convirtió en la primera mujer vicepresidente de los Estados Unidos.

Mike Pence, el vicepresidente de Trump, sí asistió al evento. Durante todo el mandato de Trump, Pence fue un aliado leal y obediente de su jefe, pero se negó a ser cómplice del intento de Trump y sus seguidores de ignorar el resultado de la elección presidencial de noviembre de 2020, que Biden ganó por más de siete millones de votos.

El intento de Trump de mantenerse en el poder cuatro años más, que culminó en el asalto al Capitolio por sus partidarios el 6 de enero de 2021, en realidad ya era visible en su primera campaña presidencial, en la que se enfrentó a la demócrata Hillary Clinton, ex secretaria de Estado y esposa del ex presidente Bill Clinton. En efecto, en el debate realizado en Las Vegas el 19 de octubre de 2016 entre Trump y Hillary, el moderador, Chris Wallace, de la cadena televisiva Fox News, le preguntó a Trump si aceptaría el resultado de las elecciones en caso de que le fuera adverso. Trump respondió que eso lo consideraría cuando llegara el momento, y que por ahora nos dejaría "en suspenso". Y el día siguiente del debate, el candidato dijo en un discurso ante sus simpatizantes: "Aceptaré totalmente los resultados de esta grandiosa e histórica elección presidencial, si gano". El germen del asalto al Capitolio ya estaba presente en el debate de Las Vegas.

El agitado final del mandato de Trump no tiene precedentes en la historia de las transiciones presidenciales norteamericanas. Y su retórica y su actitud desde 2015 profetizaban ese final.

El intento de Trump y su equipo de abogados de revertir los resultados de la elección de 2020 echó leña al fuego del fanatismo político y generó actos de violencia como la invasión del Capitolio, que él incitó en un discurso febril a sus seguidores. Biden tendió la mano desde el primer momento a los partidarios de Trump, prometiendo que gobernaría para todos los norteamericanos, independientemente de sus preferencias electorales. Como político experimentado, Biden sabía, al jurar su cargo el 20 de enero de 2021 e iniciar una nueva era en la Casa Blanca, que una de sus tareas más urgentes era apagar las llamas del extremismo político que Trump dejaba como legado.

Un candidato inesperado

Donald Trump, un acaudalado empresario neoyorquino del sector inmobiliario, anunció por primera vez su candidatura a la presidencia de los Estados Unidos por el Partido Republicano el 16 de junio de 2015, con un discurso y una concentración en la Torre Trump de la ciudad de Nueva York. Trump dijo en esa ocasión que costearía los gastos de su campaña con fondos de su propio bolsillo, y que no aceptaría dinero de donantes ni de cabilderos.

En su discurso, Trump llamó la atención sobre problemas nacionales como la inmigración ilegal, el traslado de empleos norteamericanos al extranjero, la deuda nacional y el terrorismo islámico. En ese evento anunció también el lema de su campaña, *Make America Great Again* (Hacer a América Grande de Nuevo). Los estadounidenses llaman América a su país.

El lema anunciado por Trump, con todas sus letras o con sus siglas, MAGA, se copiaría *ad infinitum* en carteles, gorras, camisetas.

Según *The Hollywood Reporter*, una compañía de contratación de artistas ofreció 50 dólares a actores para que asistieran al evento de Trump y apoyaran el anuncio de su candidatura.

Tras el discurso en Nueva York el 16 de junio de 2015, los medios se concentraron inmediatamente en los insultos que el flamante candidato dirigió a los inmigrantes indocumentados que entraban por la frontera con México. "Cuando México envía su gente –dijo Trump–, no envía a los mejores. Envían gente que tienen muchos problemas". Prosiguió afirmando que los inmigrantes mexicanos "traen drogas, crimen, son violadores y supongo que algunos son buenas personas".

A raíz del discurso, varias organizaciones –entre ellas la cadena de tiendas por departamentos Macy's, las cadenas de televisión Univision y NBC y la asociación nacional de carreras de automóviles NASCAR– rompieron sus lazos con Trump. Las palabras del candidato republicano causaron un visible repudio en la comunidad hispana en los Estados Unidos y en gran parte de la población norteamericana de cualquier origen. La mayoría de los medios informativos, importantes columnistas, escritores, presentadores de televisión, cineastas, artistas de Hollywood, activistas sociales y muchos políticos, tanto demócratas como republicanos, expresaron su rechazo a las ofensas de Trump contra los inmigrantes del sur. Pero sectores racistas de la sociedad norteamericana, encabezados por políticos y comentaristas de extrema derecha, vieron surgir a un líder ese día de junio de 2015 en la torre Trump de Nueva York, un líder que reflejaba las visiones, los deseos, las quejas, los rencores y las aspiraciones de la población más conservadora, racista y nacionalista de los Estados Unidos. Un líder que iba a borrar el legado de Barack Obama, el primer presidente afroamericano de la nación. Obama había sacado al país de la crisis económica heredada de su antecesor en el cargo, George W. Bush, pero ese gran logro –y otros muchos logros– no eran reconocidos por sus enemigos políticos ni por los racistas que no soportaban que un hombre cuya piel no era blanca hubiera ocupado la primera magistratura de la nación durante ocho años.

Trump era el líder esperado por ese segmento de la sociedad norteamericana para opacar los dos períodos presidenciales de Obama y para poner freno a la inmigración de México y del resto de Latinoamérica, la inmigración "parda" que ha cambiado y está cambiando rápidamente la composición demográfica de los Estados Unidos, convirtiendo al país en un mosaico racial en el cual, antes del año 2050, no habrá una mayoría étnica y los blancos no hispanos serán una minoría más.

Trump era el líder que los racistas esperaban para detener esa gran transformación poblacional. Captó la imaginación de un amplio abanico de la sociedad norteamericana, y no solo de empresarios y personas acaudaladas que esperaron sacar provecho de los planes de Trump, sino incluso de trabajadores a quienes la globalización capitalista los había dejado desempleados o los había obligado a aceptar empleos mal pagados. Demostrando una falta absoluta de conciencia de clase, muchos obreros del sector fabril –en gran medida trasladado a México, Centroamérica y luego principalmente a China para aprovechar los bajos costos de la mano de obra– apoyaron a Trump creyendo en sus promesas de traer de vuelta a los Estados Unidos las fábricas y los trabajos enviados al extranjero. Eso no ocurrió, como tampoco ocurrió enteramente la construcción del muro en la frontera meridional que Trump prometió que el gobierno mexicano costearía. Pero la fidelidad política suele tardar en cambiar, y Trump mantuvo durante su gobierno una considerable base de apoyo entre los trabajadores que lo ungieron como su salvador. El magnate metido a político estaba tan seguro del fiel respaldo de sus numerosos seguidores que, en un acto de campaña celebrado en la ciudad de Sioux Center, en el estado de Iowa, en enero de 2016, afirmó: "Tengo a la gente más leal. ¿Alguna vez han visto algo así? Podría pararme en mitad de la Quinta Avenida [de Nueva York] y disparar a gente y no perdería votantes".

Como los hechos ulteriores demostraron, Trump tenía razón: sus partidarios estaban dispuestos a aceptarle cualquier decisión, cualquier mentira, cualquier acción, por descabellada que fuese. Sobre todo los racistas y los nacionalistas, que se pasaron enseguida al bando del magnate y que también entendieron que el lema de su campaña, Hacer a América Grande de Nuevo, posiblemente quería decir, después de ocho años de gobierno de un presidente afroamericano: Hacer a América Blanca de Nuevo. Trump supo entender y aprovechar para sus ambiciones políticas los sentimientos racistas y chovinistas de un sector de la población norteamericana, no mayoritario, pero sí cuantioso.

Trump era un candidato improbable, sin experiencia política, siempre haciendo gala de su incultura y, según las encuestas y numerosos analistas, con escasas posibilidades de triunfo. Sin embargo, derrotó a los aspirantes a la presidencia por el Partido Republicano con su discurso simple y a la vez agresivo, en el cual nunca se cohibió de prodigar insultos y mentiras. Y después, en la elección de 2016, derrotó a la aspirante por el Partido Demócrata, Hillary Clinton, una mujer brillante, política de carrera, con una plataforma mucho más conveniente para el pueblo norteamericano.

Trump se impuso en la elección atacando a Hillary Clinton con acusaciones de mal manejo de la crisis en Libia cuando era secretaria de Estado en el gobierno de Obama, afirmando que la candidata demócrata era culpable de la muerte de diplomáticos norteamericanos en Bengasi. La acusó de perjudicar la seguridad nacional al utilizar su correo electrónico personal en su labor en el gobierno, aunque el FBI había exonerado a Hillary de un presunto uso indebido de sus e-mails. Y aseguró que Hillary había intentado ocultar casos de abuso sexual cometidos por su esposo, el ex presidente Bill Clinton, aunque nunca se probó que Bill Clinton hubiera cometido los presuntos delitos. Las manifestaciones en apoyo a Trump durante su campaña presidencial solían terminar con la multitud pidiendo a gritos que encarcelaran a Hillary: "*Lock her up!*" (¡Enciérrenla!)

Así, tras una implacable campaña de promesas grandilocuentes, alusiones racistas, mentiras, difamaciones y acusaciones falsas, Donald Trump ganó la presidencia. Sin embargo, hay que destacar que Trump ganó los votos del Colegio Electoral, pero no el voto popular o general. En total, Hillary recibió casi tres millones de votos más que Trump, con lo cual, en cualquier otro país democrático, habría ganado la presidencia.

Pero en el sistema electoral de los Estados Unidos, cada estado tiene un número de votos electorales, determinado según su cantidad de habitantes. Por ejemplo, California tiene 55 votos electorales, Texas tiene 38, Nueva York tiene 29, al igual que la Florida, y Pensilvania tiene 20. El candidato que gana la elección en un estado –aunque sea por una mayoría reducida– recibe todos los votos electorales de ese estado, otorgados por los delegados electos del estado. De esa manera, no gana el candidato que reciba el mayor total nacional de votos individuales, sino el que gane más votos electorales de los estados. Fue lo que ocurrió en la elección de 2016, en la que Trump se alzó con el triunfo, aunque la mayoría de los norteamericanos no votó por él.

Al recorrer estas páginas, el lector recordará con sorpresa momentos insólitos de una de las presidencias más polémicas y divisivas de los Estados Unidos, el gobierno de Donald Trump, un período nocivo tanto para la nación norteamericana como para el resto del mundo, un mandato controversial que el caprichoso líder intentó extender por cuatro años más. Pero en las elecciones de 2020, los estadounidenses, al elegir por una mayoría de más de siete millones de votos al demócrata Joe Biden, le dieron al magnate inmobiliario metido a político el mismo aviso que él daba a los concursantes en su programa de televisión *The Apprentice* (El Aprendiz): Trump, ¡estás despedido!

Trump, racismo y disparates

Desde el mismo inicio de su campaña en 2015 por la presidencia de los Estados Unidos, el magnate inmobiliario Donald Trump no escatimó comentarios ultrajantes e infundados sobre la inmigración mexicana (comentarios que sin duda extendía a toda la inmigración latinoamericana). Pero el problema no era que anduviera por ahí diciendo disparates sobre los inmigrantes. El problema, en realidad, era la enorme cantidad de personas que apoyaba (y sigue apoyando) sus ideas.

El sábado 11 de julio de 2015, Trump pronunció un discurso en Las Vegas de casi media hora. El candidato republicano afirmó que Barack Obama (el primer presidente afroamericano de los Estados Unidos) era un mandatario débil y que la frontera sur es muy porosa. También habló del incidente de Bengasi del 11 de septiembre de 2012, en el que murieron cuatro norteamericanos, entre ellos el embajador Christopher Stevens. Lo de Bengasi lo mencionó para echarle fango a la candidata demócrata, Hillary Clinton. Pero lo que preocupaba no era tanto el discurso que pudiera decir un individuo excéntrico, siempre empeñado en llamar la atención, y que carece de madera de estadista. Lo que inquietaba era que tantas personas se identificaran con las ideas de Trump y respaldaran sus conceptos racistas y xenófobos.

Según la firma encuestadora Public Policy Polling, de Carolina del Norte, Trump superaba ligeramente al aspirante republicano que en el verano de 2015 era el favorito, Jeb Bush, el hermano del presidente George W. Bush, que causó la peor crisis económica en los Estados Unidos desde la Gran Depresión y llevó al país a librar guerras injustificadas y devastadoras.

Los analistas han señalado que los partidarios de Trump aplaudían la franqueza del multimillonario, su disposición a decir cosas que los demás políticos eluden. Pero había más razones tras ese respaldo.

Solamente por tildar a los inmigrantes de violadores, asesinos y narcotraficantes, Trump debió haber recibido la rechifla y el repudio de toda la sociedad. Sin embargo, no fue así. Es cierto que muchos expresaron su disgusto inmediatamente, y que varias empresas cortaron sus vínculos comerciales con el magnate. Es cierto que muchos políticos republicanos criticaron las palabras de Trump sobre la inmigración mexicana, aunque la mayoría tardó en hacerlo y algunos ni siquiera dijeron nada. Pero parte del público apoyó los comentarios del aspirante republicano, y ese apoyo es alarmante. Ignorar el cuantioso aporte económico y cultural que los inmigrantes mexicanos, y los hispanos en general, han dado al país equivale a ignorar la propia historia del país que los xenófobos pretenden defender, y a la vez tratar de negar su futuro.

Con la elección del presidente Obama, muchos pensaron que la nación había dejado atrás su larga historia de prejuicios. Estaban equivocados. Por el contrario, la estancia de Obama – un hombre hijo de un africano negro y una norteamericana blanca– en la Casa Blanca reavivó la discriminación racial y el complejo de superioridad eurocéntrica que padecen muchos. De la misma manera, el visible aumento de la población hispana en los Estados Unidos, su presencia creciente en todas las esferas de la sociedad y prácticamente en todos los puntos de la geografía norteamericana, y el anuncio por la Oficina del Censo de que en el año 2042 las minorías superarán en número a la población blanca no hispana, disparó los niveles de histeria y paranoia entre los que se sienten amenazados por el cambio demográfico.

Trump no se retractó de sus afirmaciones de que los inmigrantes indocumentados (ilegales es como él los llama) que vienen del sur son un peligro para los Estados Unidos. Pero no mencionó a los que proceden de otros lugares. ¿No le preocupaba la llegada desde hace varios años de la mafia rusa, por ejemplo?¿Por qué no le inquietaba al entonces aspirante a la presidencia la entrada de esa gente peligrosa? ¿Sería porque muchos son rubios y de piel clara, a diferencia de la mayoría de los que vienen de México? El mismo prejuicio racista suscriben los que aplaudían las declaraciones disparatadas del urbanizador en 2015.

La discriminación y el odio insensato por el color de la piel y por el origen étnico siguen lacerando el tejido social norteamericano. Y esto sí es grave, porque la profundización de las divisiones suele desembocar en actos de violencia. Trump le echó leña al fuego del racismo. Y lo peor es que hay muchos que disfrutaron viendo las llamas.

Atropellos y mentiras

El 25 de agosto de 2015, en Dubuque, Iowa, el presidente Trump expulsó al conocido periodista de Univisión Jorge Ramos de una conferencia de prensa. El hecho se produjo cuando Ramos cuestionó los planes de Trump sobre la inmigración. El candidato republicano ignoró las preguntas de Ramos, lo mandó a sentarse, le dijo que volviera a Univisión, y por último le hizo una señal a uno de sus guardaespaldas, que sacó al periodista a empujones del local.

Fue una acción tan desmedida como ultrajante, un atropello que indicó la forma en que el candidato presidencial estaba dispuesto a reaccionar si se siente incómodo con preguntas de la prensa. Más tarde, Trump permitió que Ramos regresara a la conferencia y le preguntara sobre el tema. Las respuestas del magnate fueron tan bruscas como carentes de sustancia. Pero aun así los comentarios del aspirante republicano revelaron la peligrosa mezcla de prepotencia, racismo y propensión al disparate que bulle en su mente.

Trump propuso durante su primera campaña realizar deportaciones masivas de inmigrantes indocumentados, levantar un muro en la frontera con México y obligar al gobierno mexicano a costear su construcción, y negar la ciudadanía a niños nacidos en los Estados Unidos de padres inmigrantes, lo cual infringe la Decimocuarta Enmienda de la Constitución nacional. ¿Y cómo pensaba lograr estos propósitos si llegaba a la Casa Blanca? Deportar a once millones de personas (aproximadamente el número de indocumentados que se calcula viven en los Estados Unidos) conlleva un alto costo operativo y, peor aún, no se puede hacer sin cometer numerosos atropellos y violaciones de los derechos humanos. El muro es una idea tan ridícula como ineficaz, pero Trump planeaba conseguir que el gobierno de México lo costeara amenazándolo con cerrar el flujo de remesas si se negaba. Y estaba dispuesto a pedir que se cambiara la Decimocuarta Enmienda de la Constitución.

¿Pero qué tal si también hubiera tratado de cambiar la Segunda Enmienda, la que usan los amantes de las armas para justificar su afición al tiroteo? No, eso Trump no lo iba a hacer, porque el entonces candidato era y es un partidario del derecho de los individuos a andar armados hasta los dientes. Un derecho que el 26 de agosto de 2015 les costó la vida en Virginia a una joven reportera, Alison Parker, de 24 años de edad, y al camarógrafo Adam Ward, de 27, baleados mientras realizaban un reportaje en vivo por un ex empleado de la emisora donde trabajaban las dos víctimas. El asesino terminó suicidándose.

Pero Trump ha estado y está a favor de las armas. Le preocupa la inmigración (la que viene del sur, la latina; la de Canadá o de Europa, no). Le preocupa la presencia de indocumentados en los Estados Unidos. De indocumentados que llegan de México, a los que tildó de criminales y violadores –lo cual es un insulto y una mentira– y de ser una carga para los contribuyentes, lo cual también es falso. Y le preocupa que los niños nacidos en los Estados Unidos de padres extranjeros reciban automáticamente la ciudadanía norteamericana. Pero en su campaña no dijo nada de la sangría nacional, del índice de asesinatos en el país, que aunque ha estado disminuyendo desde 1991 –con altibajos–, todavía es de unos 15.000 al año, de los cuales unos 11.000 se cometen con armas de fuego. Trump apunta en otra dirección. Las preguntas que le hizo Jorge Ramos en la rueda de prensa estaban dirigidas precisamente a uno de los argumentos que Trump utilizó a su favor en su campaña populista para ganarse a los sectores ultraconservadores: la inmigración. Pero Trump promovía su mensaje demagógico basándose en una premisa falsa: una crisis de inmigración que no existía. En 2015, la frontera no era menos segura que antes, el presidente Obama fue el mandatario que más deportaciones ordenó, y la inmigración indocumentada se ha reducido.

En su campaña de 2015, Trump usó exageraciones e inexactitudes, y hasta injurias, para captar a una parte del electorado, cuyo fervor es alarmante. Esta parte del electorado estaba integrada mayormente por personas de tendencia muy conservadora, por los anarquistas del Tea Party, por racistas que volvieron a enarbolar la bandera de la Confederación, por patrioteros que creen que los Estados Unidos están llamados por Dios a gobernar al mundo. El discurso xenófobo, desagradable y deshumanizante de Trump –como el actor Matt Damon lo calificó ese mismo año– fue música para los oídos de ese sector reaccionario y fanatizado.

Trump contra el terrorismo

Como candidato presidencial por el Partido Republicano, Donald Trump se superó a sí mismo. El miércoles 2 de diciembre dijo que si era electo, su gobierno trataría de "eliminar" a las familias de los terroristas, además de a los propios terroristas.

Y el domingo 6 de diciembre, en una entrevista en el programa de televisión *Face The Nation*, de CBS, afirmó que "perseguiría" a los familiares de los terroristas, porque ellos saben lo que está sucediendo cuando sus parientes cometen actos de terrorismo. ¿Pero qué pruebas tenía Trump de que eso podía ser cierto?

El magnate indicó que habría ido tras las esposas de los terroristas que derribaron las Torres Gemelas de Nueva York porque ellas sabían que el ataque iba a suceder. "Por lo menos iría tras las esposas... y lo que yo haría, se los dejo a su imaginación", dijo el locuaz aspirante.

¿Qué haría Trump? No queremos imaginarlo. ¿Ordenar torturas como el tristemente célebre *waterboarding*, en la cual se vierte agua sobre un paño que cubre la cara de un prisionero inmovilizado, creándole la sensación de que se está ahogando? ¿Quizá también otros tormentos medievales?

Esta algazara del candidato tenía que ver con la matanza en la ciudad californiana de San Bernardino, donde una pareja musulmana mató a 14 personas el 2 de diciembre de 2015. Trump dijo que no creía a Saira Khan, hermana del asesino, quien manifestó que no podía concebir que su hermano, Syed Farook, y su esposa, Tashfeen Malik, hubieran cometido la masacre. "No creo a la hermana", expresó Trump. "Yo iría tras muchas personas y averiguaría si lo sabían o no. Y sería capaz de averiguarlo". ¿Sería capaz de averiguarlo? ¿Cómo? ¿De qué manera?

La presunción de inocencia, eje de la justicia norteamericana, es un detalle que el aspirante a presidente ignoró sin el menor pudor. Aun así, a fines de 2015 Trump se convirtió en el candidato que iba a la cabeza en las encuestas republicanas. Los que lo apoyaban no pensaron que de llegar a la Casa Blanca, Trump quizá habría intentado convertir el gobierno en un engendro ajeno a los valores norteamericanos más entrañables, a los principios que han sobrevivido momentos de oscurantismo en la historia política nacional.

Perseguir y eliminar a los familiares de los enemigos es una acción bárbara que evoca el salvajismo de la Edad Media, no la conducta de una nación democrática y civilizada. En su plan de convertir a los Estados Unidos en una fortaleza cerrada a cal y canto –pero eso sí, lista para lanzar agresiones contra otros países cuando el gobierno lo considerara oportuno o deseable–, Trump estaba renunciando tácitamente a valores democráticos que los Estados Unidos han mantenido en alto.

Trump es un demagogo que siempre ha sabido que su discurso irreflexivo atrae multitudes. Y lo peor es que tenía –y tiene– legiones de seguidores. Ese respaldo podría alejar a la nación de su rumbo democrático.

Esclavistas en la esquina

Según una encuesta realizada en enero de 2016 por *The Economist*/YouGov, uno de cada cinco simpatizantes del entonces candidato republicano Donald Trump no aprobaba que el presidente Abraham Lincoln firmara el acta de emancipación de 1863. Con esa medida, que fue una orden ejecutiva proclamada en plena Guerra Civil, Lincoln abolió oficialmente la esclavitud en los Estados Unidos. Pero casi el 20 por ciento de los seguidores de Trump no estaban de acuerdo con la decisión de Lincoln de liberar a los afroamericanos, y el 17 por ciento dijo que no estaba seguro. En un sondeo de Public Policy entre partidarios de Trump en Carolina del Sur, por esa fecha, el 38 por ciento de los encuestados dijo que habría deseado que el Sur hubiera ganado la Guerra Civil.

En el país que le da lecciones de democracia y libertad al resto del mundo, perdura el racismo contra las personas de raza negra. Y también contra los hispanos y otras minorías. La mayoría de los norteamericanos ha dejado atrás los prejuicios vergonzosos del pasado –o nunca los ha tenido–, pero algunos muestran una mentalidad no muy distinta a la de los esclavistas del siglo XIX que Lincoln combatió. Y un ejemplo de esa mentalidad racista lo ofreció un ranchero llamado Clive Bundy en 2014.

Ese año, cuando el gobierno federal prohibió el uso de unos terrenos en el estado de Nevada para evitar la extinción de una especie de tortuga, Bundy hizo caso omiso y siguió llevando su ganado a pastar a las tierras prohibidas. Cuando las autoridades federales se cansaron de que Bundy siguiera usando terrenos vedados para alimentar a sus reses y le confiscaron parte del ganado, una milicia armada –es decir, los compinches del ranchero– acudió a darle apoyo. Temiendo que se produjera una confrontación sangrienta, la Oficina de Administración de Tierras le devolvió el ganado. ¿Habrían mostrado las autoridades la misma tolerancia si Bundy hubiera sido negro?

En una entrevista, Bundy hizo un comentario sobre los afroamericanos. Aunque parezca increíble, esto fue lo que dijo: "Muchas veces me he preguntado si [los afroamericanos] no estarían mejor como esclavos, recogiendo algodón, teniendo una vida de familia y haciendo cosas, o si están mejor recibiendo un subsidio del gobierno. No recibieron más libertad. Recibieron menos libertad". Así pensaba este individuo que es un cristiano, un mormón.

El 2 de enero de 2016, el hijo de Clive, Ammon, tomó, a la cabeza de un grupo armado, un refugio federal de protección de la fauna en Oregón. De tal palo, tal astilla. Su objetivo: que el gobierno federal entregara el control de terrenos públicos para que él y otros rancheros pudieran usarlos para su beneficio particular. El enfrentamiento duró varias semanas, hasta que a finales de enero las autoridades arrestaron a los líderes de la milicia. Casi un mes tuvieron ocupado un refugio del gobierno federal en Oregón.

¿Se imaginan cuánto habría durado la ocupación si en vez de estos milicianos blancos, los invasores hubieran sido afroamericanos? ¿Se imaginan qué habría dicho el 20 por ciento de los seguidores de Donald Trump?

Inmigrantes, impuestos y muros

Contra lo que expresan muchos patrioteros, los inmigrantes indocumentados dan un aporte enorme al fisco y a la economía de los Estados Unidos.

Los políticos que en 2016, un año de elecciones, agitaron los sentimientos xenófobos de muchos votantes deberían haber leído los resultados de un informe del Instituto de Política Fiscal y Económica (ITEP) sobre la contribución tributaria de los indocumentados. El informe, divulgado el 24 de febrero de 2016, indica que los aproximadamente 11 millones de inmigrantes indocumentados que viven en los Estados Unidos pagan unos 11.600 millones de dólares al año en impuestos municipales y de los estados. Estos inmigrantes aportan alrededor del 8 por ciento de sus ingresos a los fondos de los municipios y de los estados.

Además, según la Social Security Administration (SSA), los indocumentados pagan alrededor de 15.000 millones anualmente a la Seguridad Social, aun cuando no son elegibles para recibir beneficios. Como no tienen residencia legal, no cumplen con los requisitos para recibir asistencia social (*welfare*), cupones de alimentos, atención médica bajo el Medicaid ni muchas otras prestaciones. Sin embargo, el aporte que muchos de ellos hacen a la Seguridad Social (aun cuando no recibirán nada a cambio) es considerable.

Si se aprobara una vía para la legalización de los indocumentados, se calcula que el gobierno federal recibiría 48.000 millones de dólares anuales por concepto de impuestos. Entretanto, el muro que Donald Trump propuso levantar en la frontera con México para impedir la entrada de indocumentados costaría entre 2,8 millones y 3,9 millones de dólares cada milla (1,60 kilómetros) usando los materiales más baratos. Trump amenazó con obligar al gobierno mexicano a pagar la construcción del muro, una amenaza que nunca se materializó.

Se calcula que la deportación de los indocumentados –otra de las ideas irresponsables e inviables de Trump– costaría

114.000 millones de dólares y podría tardar 20 años. Pero Trump, entonces candidato, afirmó que su plan era factible y que tomaría entre 18 meses y un año, creando una "fuerza de deportación" para localizar, detener y expulsar a los indocumentados.

¿Pueden imaginarse la tragedia humana de los arrestos, las familias separadas, los atropellos que cometería esa fuerza de deportación estilo Gestapo? Para muchos, eso no podría pasar en los Estados Unidos. Porque como indicó el presidente Obama al criticar la peregrina idea de Trump, "eso no es lo que somos como estadounidenses".

Hillary frente a Trump

Hillary Clinton por el Partido Demócrata y Donald Trump por el Republicano arrasaron en las primarias de la Florida del martes 15 de marzo de 2016.

El senador por la Florida Marco Rubio, aspirante a la presidencia por la agrupación republicana, quedó derrotado en su propio estado y abandonó la contienda. Dijo que "no está en los planes de Dios" que él fuera presidente ese año.

El senador independiente por Vermont, Bernie Sanders, también candidato por el Partido Demócrata, perdió en la Florida frente a Hillary por amplio margen. El socialdemócrata Sanders quiere atención médica gratis y educación universitaria gratis para todos los norteamericanos. Lamentablemente, muchos votantes, aun sin ser ricos, están prejuiciados. Para ellos, cualquier palabra que empiece con el prefijo "social" es anatema. Y ni hablar de socialismo, aunque sea en la variante *light* y democrática que tan buenos resultados ha dado en los países nórdicos, por ejemplo. Algunos han llegado a decir que Sanders pretende llevar a cabo una revolución estalinista en los Estados Unidos. El colmo del disparate, pero así funciona la mente de los extremistas.

La batalla final por la Casa Blanca ya se perfilaba en marzo de 2016: Hillary frente a Trump. De acuerdo con muchas encuestas, Hillary ganaría ese combate. Pero no había que cantar victoria antes de tiempo. El multimillonario magnate arrastraba a gran parte del público, a gentes que creen en el Destino Manifiesto y en "la carga del hombre blanco".

Lo que vimos desde marzo hasta las elecciones de noviembre fue un recrudecimiento de los ataques de la derecha contra Hillary, echándole a la candidata demócrata toda la culpa del incidente del consulado norteamericano en Bengasi, el 11 de septiembre de 2012, en el que perdieron la vida el embajador Christopher Stevens y tres norteamericanos, y también amplificando el dilema de los correos electrónicos enviados desde una cuenta privada de Hillary cuando era secretaria de Estado. La investigación pertinente exoneró a Hillary de cualquier uso indebido de su correo electrónico, pero Trump y sus seguidores hicieron caso omiso de la realidad.

La batalla final, pues, se iba a librar entre un adinerado populista que derrochó una retórica socialmente divisiva y ofendió a mujeres, minorías e inmigrantes, y una política profesional experimentada, con un mensaje a favor de la clase media, de los trabajadores y de los inmigrantes. La batalla iba a ser entre la crispación y el fanatismo por un lado, y la solidaridad y la esperanza por el otro.

Por qué los jóvenes apoyan a Bernie Sanders

En 2016, Bernie Sanders, senador por Vermont, socialista democrático, se batió hasta el final por ganar la nominación del Partido Demócrata a la presidencia.

En junio, a pesar de que sus perspectivas de triunfo no eran las mejores, prometió continuar la batalla hasta la convención del partido en Filadelfia, a finales de julio de ese año, pero la ex secretaria de Estado Hillary Clinton ya era prácticamente la nominada por el Partido Demócrata, y recibió el respaldo oficial del presidente Barack Obama.

Sanders no alcanzaría la presidencia, como tampoco la alcanzó en 2020. Sin embargo, fue el candidato preferido de los jóvenes en dos singulares campañas electorales donde el fascismo y el socialismo se enfrentaron en muchos momentos.

Según un sondeo del encuestador republicano Frank Luntz realizado en febrero de 2016, el 45 por ciento de los jóvenes dijeron que votarían por Sanders si la elección fuera en ese momento. El 19 por ciento habría votado por Hillary. Y el 10 por ciento por el republicano Donald Trump. ¿Por qué el candidato más viejo de ambos partidos ha sido el favorito de la juventud norteamericana? La respuesta hay que buscarla en un profundo cambio de mentalidad entre los jóvenes de los Estados Unidos.

Los integrantes de la Generación del Milenio –firmes partidarios de Sanders– nacieron después de la Guerra Fría. Para ellos, la Unión Soviética pertenece a los libros de historia, y el oso no está a las puertas. No fueron adoctrinados bajo la histeria anticomunista de la era de Truman, el presidente que lanzó dos bombas atómicas contra Japón para demostrar a Moscú quiénes eran los nuevos dueños del mundo, y de la época de McCarthy, el senador que persiguió implacablemente a los izquierdistas y a los sospechosos de abrigar ideas de izquierda. Para los jóvenes de hoy, el problema mayor no es la amenaza de una invasión rusa contra Europa, sino la desigualdad en los ingresos y la injerencia de las grandes corporaciones en su educación, en su trabajo y en su vida personal. Por culpa de las maromas especulativas que llevaron al país a una recesión en 2008, han visto a sus padres endeudados hasta el cuello o haciendo las maletas al perder la casa. Se han visto ellos mismos saliendo de la universidad con una deuda monstruosa. Los que pueden cursar estudios universitarios, claro, porque muchos sencillamente no pueden. Y ahora están aceptando trabajos a jornada parcial, muchas veces mal pagados, porque hay que sobrevivir de alguna manera. No es extraño entonces que la mayoría de los jóvenes (el 66 por ciento) haya dicho que las grandes corporaciones "encarnan todo lo que está mal en los Estados Unidos", frente al 34 por ciento que piensa lo contrario. Y que el 58 por ciento considere que el socialismo es un sistema más compasivo que el capitalismo, mientras el 33 por ciento piensa que no es así.

Aclaremos que el socialismo al que se refieren Sanders y los jóvenes que lo siguen no es una brutal dictadura estalinista o maoísta, sino una socialdemocracia como las que existen en Europa. Por eso Sanders conquistó al electorado juvenil. Porque sincronizó con las ideas de la juventud. Porque dijo que necesitábamos medicina y educación universitaria gratis, costeadas con nuestros impuestos. Eso es perfectamente posible en el país más rico del mundo. Si lo hacen la mayor parte de las naciones europeas y Canadá, ¿cómo no va a lograrse en los Estados Unidos? Bastaría con que dejen de darles tantos privilegios fiscales a las corporaciones y los adinerados.

En la encuesta de Luntz, el 88 por ciento de los jóvenes dijeron que se sentían por lo menos algo optimistas con su futuro, y el 75 por ciento piensa que económicamente les irá mejor que a sus padres. ¿Se sienten optimistas porque confían en el triunfo de sus ideas? "No nos equivoquemos", dijo Luntz sobre las preferencias electorales de los jóvenes y su apoyo a Sanders. "Esto puede traer un cambio enorme en Norteamérica".

Trump, sexo, mentiras y video

En octubre de 2016, a un mes de la elección presidencial, no debería haber quedado ninguna duda de que Donald Trump carecía de la capacidad y del talante para ser presidente de los Estados Unidos.

En los debates con su rival, Hillary Clinton, el entonces aspirante republicano ofreció muchas promesas –como a todo lo largo de su campaña–, pero no presentó ningún plan concreto. Aparentaba mucha seguridad, pero se apoyaba en lemas para la multitud, no en hechos.

Apuntalaba sus débiles argumentos con mentiras. No se rindió, pero atacaba o se defendía con golpes bajos. Tenía mucho dinero, pero poca clase.

En el segundo debate, realizado el domingo 9 de octubre de 2016 en la Universidad Washington, en St. Louis, Missouri, su disposición a pelear sucio quedó evidenciada cuando sacó a relucir dudosos episodios del pasado para desviar la atención del famoso video en el que denigra a las mujeres.

En el video, filmado en 2005 y obtenido por el *Washington Post*, Trump no solo glorificó el abuso sexual, sino que se jactó de haberlo cometido. Usando expresiones vulgares, comentó con una mezcla de burla y prepotencia que puede tocar y besar a las mujeres cuando quiere porque "cuando uno es una estrella, ellas lo permiten".Después del debate varias mujeres salieron a la palestra para acusar a Trump de diversos incidentes de abuso sexual. El magnate negó que esos incidentes hubieran ocurrido.

En el debate del 9 de octubre, Trump pidió disculpas por las frases y dijo que nadie respetaba a las mujeres tanto como él, una afirmación que sonó hueca. Enseguida se lanzó a la carga contra su rival, acusando al ex presidente Bill Clinton, esposo de Hillary, de haber abusado de varias mujeres, y a Hillary de haber tapado las fechorías de su marido acosando e intimidando a las víctimas. Tres de esas presuntas víctimas estaban presentes en el segundo debate. Fue un ataque ruin y malintencionado, sobre todo porque nunca se probó que el ex presidente Clinton hubiera cometido los presuntos delitos. Además, Bill no era el que está aspirando a la presidencia. Pero para Trump todo vale. Al parecer, no duda en seguir la vieja fórmula: "Calumnia, que algo queda".

Hillary se mantuvo serena, imperturbable, sin titubear ni amilanarse ante la agresión de un candidato incapaz de sostener un debate serio. La ex secretaria de Estado siempre se mostró segura y confiada, con un gran dominio de los temas candentes del momento. Trump, en cambio, no dejó de repetir conceptos disparatados durante toda su campaña. Los debates no fueron la excepción.

Trump insistió en construir un muro en la frontera con México para resolver lo que él y sus seguidores consideraban un problema de descontrol migratorio. En realidad, tal problema no existía: en 2016, la inmigración indocumentada estaba en su momento más bajo desde 1972, y el presidente Obama fue el mandatario que más indocumentados ha deportado.

Trump anunció que de ser electo, eliminaría el plan de salud conocido como Obamacare, y criticó la medicina socializada apoyándose en una vieja fábula de la derecha norteamericana: el cuento de las legiones de canadienses que vienen a tratarse a los Estados Unidos, porque el sistema de salud universal de Canadá es un desastre. Lo cual es una mentira: no hay una invasión de canadienses hacia los hospitales de los Estados Unidos, y el sistema de salud de Canadá funciona perfectamente; en realidad, mejor que el estadounidense.

Propagador de falacias, púgil traicionero en la arena política, Trump volvió a sacar a colación el caso de los correos electrónicos de la cuenta personal de Hillary. La ex secretaria de Estado debió responder con más contundencia, enfatizando que la investigación del FBI la exoneró de un presunto uso indebido de sus *e-mails*. Pero Trump había convencido a buena parte de la nación que la ex secretaria de Estado perjudicó la seguridad nacional. Para los más delirantes, azuzados por la retórica acusadora y mentirosa de Trump, la candidata demócrata era una conspiradora que, de llegar a la Casa Blanca, habría entregado la nación al enemigo. El caudillo y sus seguidores habitan en una realidad alternativa, donde las fantasías políticas se imponen a la verdad.

Entre mentiras y bajezas, alusiones racistas y menosprecio de las mujeres, Trump rebajó el nivel de los debates presidenciales, mientras se pavoneaba tratando de intimidar a su contrincante y exaltando posturas fascistas y retrógradas entre un sector extremista del electorado sobre cuyos hombros Trump se empeñó en ganar la presidencia. Alguien debería haberle repetido al entonces candidato republicano la frase que el abogado Joseph Nye Welch le dirigió en 1954 al senador Joseph McCarthy, el fanático que montó una cacería de brujas contra los comunistas: "¿Acaso usted no tiene un sentido de la decencia?"

El último debate de 2016 y la amenaza de Trump

El tercer y último debate de la campaña de 2016 sirvió para confirmar definitivamente que el candidato republicano, Donald Trump, no estaba capacitado para la presidencia de los Estados Unidos. Sin embargo, sus seguidores aún se empeñaban en no verlo de esa manera. Trump mostró un problema de aptitud y de actitud.

En el debate con Hillary Clinton en Las Vegas, celebrado el 19 de octubre de 2016, sabía que en las encuestas estaba por debajo de la candidata demócrata. Por eso, en los primeros minutos del evento, trató de dar una imagen más acorde con la dignidad presidencial. Una imagen de seriedad, de firmeza, de sobriedad en sus respuestas sin caer en los insultos. Pero estaba actuando, interpretando un papel que no encajaba con su personalidad. El Trump de siempre no tardó en volver a manifestarse, cuando se hizo evidente su ignorancia y su falta de un conocimiento sólido de los temas acuciantes del momento, que Hillary sí dominaba con maestría y experiencia.

Acorralado por las respuestas precisas de la ex secretaria de Estado, el magnate volvió a cuestionar la integridad de Hillary, con la actitud de un abusador.

Pero lo que realmente estremeció a los que presenciaron el debate fue el momento en que el moderador, Chris Wallace, de Fox News, le preguntó a Trump si aceptaría el resultado de las elecciones en caso de que le fuera adverso. La respuesta del candidato republicano paralizó de asombro a la audiencia. Dijo que eso lo consideraría cuando llegara el momento, y que por ahora nos dejaría "en suspenso".

¿Qué encerraban las palabras de Trump? ¿La amenaza de no acatar la voluntad popular? ¿De dirigir un estallido social, poniéndose al frente de sus denodados simpatizantes, algunos de los cuales se han pavoneado en público con sus fusiles al hombro? Para colmo, al día siguiente del debate, el candidato dijo en un discurso ante sus simpatizantes: "Aceptaré totalmente los resultados de esta grandiosa e histórica elección presidencial, si gano".

Trump puso en vilo a la misma democracia norteamericana que él quería dirigir. Sus comentarios sobre unas elecciones que él consideraba manipuladas –sin aportar pruebas al respecto– lo revelaban incapaz de asumir la presidencia con la seriedad y el respeto a la ciudadanía y a las instituciones democráticas que el cargo requiere.

Mientras la nación escuchaba pasmada el delirante discurso del candidato, este no dejaba de decir disparates. Y de repente, mientras Hillary hablaba, comentó a sus espaldas: *Such a nasty woman!"* (Qué mujer tan repulsiva). Fue una intolerable expresión de machismo, un intento pueril de rebajar a su contrincante. Probablemente sus partidarios más fanatizados saltaron de alegría en sus asientos. Pero esa actitud pendenciera y misógina de Trump por fuerza debía haberle restado puntos en las encuestas. Sin embargo, los que lo siguen todavía se contaban por millones. Era paradójico que en el país que da lecciones de democracia al resto del mundo, buena parte de la nación aplaudiera la retórica de odio, xenofobia y racismo de su héroe, el potentado que iba a salvar a los blancos puros del asedio de los que tenemos la piel más oscura.

En un episodio de la novela de Ernest Hemingway *Por quién doblan las campanas*, un guerrillero español le pregunta al norteamericano Robert Jordan: "¿Hay muchos fascistas en tu país?". Jordan le responde: "Hay muchos que no saben que lo son, aunque lo descubrirán cuando llegue el momento". Trump agitó ese peligroso sentimiento fascista, aunque muchos aún no lo supieran.

Un error inaceptable en el nombre de Hillary Clinton

Un error en la boleta electoral del condado de Lonoke, en el estado de Arkansas, puso la palabra "mentirosa" dentro del nombre de la candidata demócrata Hillary Clinton. En la boleta de ese condado, el nombre Hillary aparecía como Hillliary, por lo que la palabra *liar* (mentiroso o mentirosa en inglés) se podía leer dentro del nombre mal escrito: Hill(liar)y.

Las autoridades electorales del condado dijeron que fue un error no intencionado, y que no iban a cambiar la boleta porque los que iban a votar por la candidata demócrata podrían identificar perfectamente su nombre, aunque estuviera mal escrito. Eso es cierto, pero el error dejaba mucho margen para la sospecha. Es un error difícilmente justificable, que más bien parecía una maniobra sucia de la derecha local para denigrar a la candidata demócrata. El Departamento de Elecciones debió haber investigado de inmediato lo que pasó y tomar las medidas necesarias.Ese error, si fue premeditado, no fue solo una falta de respeto y un insulto para Hillary Clinton, sino también una burla al sistema electoral de los Estados Unidos y a la propia democracia. Semejante desacato y ultraje al proceso democrático de las elecciones era sencillamente inaceptable.

La América que ganó el 8 de noviembre de 2016

La nación norteamericana dio en la noche del martes 8 de noviembre de 2016 un paso atrás hacia las ideas más retrógradas al elegir al candidato republicano Donald Trump. No solo eso:

también mantuvo la supremacía de los republicanos en el Senado y la Cámara de Representantes. Los elementos más reaccionarios de la nación tenían las manos libres para hacer lo que les diera la gana.

Hay que aclarar –para dejar constancia de que no todo estaba perdido– que la candidata demócrata, Hillary Clinton, ganó el voto popular. Es decir, en toda la nación ganó más votos que Trump. Pero el complicado sistema electoral norteamericano –en el que cada estado tiene un número determinado de votos electorales, y gana el candidato que recibe más votos electorales de los estados– le dio la victoria a Trump.

De todos modos, los que votaron por Hillary fueron aproximadamente 650.000 más que los que votaron por Trump. Una diferencia exigua que indicaba hacia qué peligroso lado la nación había escorado.

Esos elementos reaccionarios que le dieron el voto al controversial magnate ya podían hacer a "América grande de nuevo", como decía el lema de campaña de Trump. Hacer a América grande de nuevo en realidad quería decir "hacer a América blanca de nuevo". Eso lo entendieron muy bien las masas de conservadores racistas que salieron a votar por Trump, la mal llamada mayoría silenciosa, que en realidad no tiene nada de callada, sino todo lo contrario.

Esos racistas nunca aceptaron que en la Casa Blanca gobernara una persona de tez oscura, un "negro" que tuvo la audacia de la esperanza. El racismo heredado de los tiempos de la esclavitud todavía perdura; los reflejos de los esclavistas se han transmitido de generación en generación. Y en la elección de 2016, los racistas tuvieron su venganza. Salieron a votar masivamente, decididos a castigar al "negro" audaz cerrando a sus seguidores las puertas de la Casa Blanca y del Capitolio. Votaron por el hombre blanco rubio, machista y chovinista, que iba a devolver la grandeza al país y a levantar un muro en la frontera con México para que no entrara ni uno más de piel parda, mientras que por los aeropuertos las mafias de lavadores de dinero y los evasores de impuestos de los Papeles de Panamá, derrochando sus fortunas mal habidas, tenían las puertas abiertas.

La noche del martes 8 de noviembre de 2016 perdió la América luminosa y culta, la América solidaria de la Estatua de la Libertad, la América de Thoreau, de Lincoln, de Harriet Tubman, de Mark Twain y de Martin Luther King. Ganaron los que discriminan al otro, al distinto. Ganaron los que creen en el Destino Manifiesto. Los que piensan que los Estados Unidos pueden invadir a cuanto país se le antoje por la causa que sea. Los que suscriben ideas reaccionarias. Los racistas del Ku Klux Klan. Los fascistas que Ernest Hemingway denunció. Esa es la América que ganó en la noche aciaga del martes 8 de noviembre.

El mundo paralelo de los votantes de Trump

Los electores que en 2016 votaron por el candidato republicano, Donald Trump, vivían en una realidad paralela. Fue lo que se desprendió de una encuesta de Public Policy Polling (PPP), una encuestadora de Raleigh, Carolina del Norte, realizada a fines de ese año. (Nota: aunque algunos consideran a PPP una firma encuestadora de tendencia demócrata, su objetividad y su notable precisión en las encuestas han sido señaladas por diversos medios y entidades, entre ellos la Universidad de Fordham y *The Wall Street Journal*, a quien nadie acusaría de liberal.)

Entre los resultados más llamativos del sondeo de PPP estaban los siguientes:

El 40 por ciento de los que votaron por Trump creía que su favorito ganó el voto popular (lo ganó la demócrata Hillary Clinton por unos 2,7 millones de votos).

El 29 por ciento de los que votaron por Trump creía que la votación en California no se debería incluir en el voto popular (¿será que le querrán devolver el estado a México).

El 60 por ciento de los que votaron por Trump creía que millones de personas votaron fraudulentamente por Hillary.

El 73 por ciento de los que votaron por Trump creía que el inversionista multimillonario George Soros pagó a los que realizaron protestas contra el presidente electo.

Pero además, los seguidores del magnate no tenían muy claros los números de la economía. Por ejemplo, el desempleo durante el gobierno de Obama bajó del 7,8 por ciento que dejó el anterior presidente, George W. Bush, a 4,6 por ciento. No obstante, el 67 por ciento de los partidarios de Trump creía que el desempleo aumentó durante la presidencia de Obama.

También, el mercado de valores ganó durante el gobierno de Obama. En sus ocho años en la Casa Blanca, el Promedio Industrial Dow Jones creció el 150 por ciento, o el 12.3 por ciento anual, el tercer mejor desempeño del Dow bajo cualquier presidente desde la Segunda Guerra Mundial, solo superado por las cifras en el gobierno de Franklin D. Roosevelt y en el de Bill Clinton. Pero el 39 por ciento de los que votaron por Trump pensaba que los valores bursátiles se desplomaron bajo la administración de Obama.

Un buen número de los seguidores de Trump vivía en una dimensión paralela donde la realidad se adulteró para que se ajustara a sus ideas, a sus creencias, a sus prejuicios y a sus deseos. Los responsables de esta percepción divorciada de la verdad fueron diversos medios que divulgaron noticias y datos falsos durante toda la campaña electoral para favorecer al candidato republicano. Y también la propia campaña de Trump, cuyos integrantes difundieron inexactitudes, imprecisiones, rumores y mentiras. Medios como Fox News, sitios web como Breitbart News y una legión de blogs de escasa o ninguna credibilidad transmitieron lo que su público deseaba escuchar, no lo que ocurría en realidad.

La noticia no es lo que uno desearía que pasara, sino lo que realmente pasa. La infracción de esa regla elemental del periodismo confundió a un numeroso sector del público que vive encerrado en una concepción distorsionada del mundo y que, dejándose llevar por sus prejuicios, votó por Trump.

En el pantano de Washington

El 20 de enero de 2017, con 70 años de edad, Donald Trump tomó posesión del cargo de presidente de los Estados Unidos. Como establece el protocolo, juró defender, proteger y preservar la Constitución nacional, y luego pronunció su primer discurso como jefe de Estado.

Trump dio las gracias al ex presidente Barack Obama y a la ex primera dama, Michelle Obama. Enseguida pronunció un discurso lleno de exaltación nacionalista, en el cual subrayó, sin la menor consideración hacia su antecesor en el cargo, que "el 20 de enero será recordado como el día que el pueblo volvió a controlar esta nación".

El mensaje era evidente: empleando una retórica cargada de demagogia, Trump dejaba en claro que iba a revertir las políticas de Obama a la vez que intentaba socavar y denostar su legado. No era extraño: en abril de 2011, Trump retó públicamente a Obama a mostrar su certificado de nacimiento y se convirtió en el líder más destacado de los *birthers*, los seguidores de la teoría conspirativa racista según la cual Obama no había nacido en los Estados Unidos, por lo cual no podía ser presidente. En realidad, Obama nació en Honolulu, Hawái, de padre keniano y madre estadounidense blanca, en 1961. Trump reconoció finalmente la verdadera nacionalidad de Obama en septiembre de 2016.

En su discurso inaugural, Trump afirmó: "Desde este día solo Estados Unidos será lo primero". Y aseguró: "Recuperaremos nuestros puestos de trabajo, recuperaremos nuestras fronteras. Un nuevo orgullo nacional nos va a guiar y curará nuestras divisiones".

Después de anunciar que iba a "eliminar de la faz de la tierra el terrorismo islámico radical", terminó su alocución con una promesa altisonante: "Hoy, haremos que Estados Unidos sea fuerte otra vez. Haremos que sea próspero otra vez. Haremos que Estados Unidos sea orgulloso otra vez. Haremos que Estados Unidos sea seguro otra vez. Y sí, juntos, haremos que Estados Unidos sea grande otra vez".

Su discurso resonante imponía la mentira –aceptada inmediatamente por sus partidarios más fanatizados y racistas– de que el gobierno de Obama había sido un desastre nacional. Lo cierto es que Obama había logrado sacar al país de la crisis económica en que lo había dejado el gobierno del republicano George W. Bush, invasor de Afganistán tras los atentados terroristas del 11 de septiembre de 2001 y de Irak tras la falacia de que el país árabe poseía armas de destrucción masiva. Obama también había conseguido reducir el desempleo y dotar a la población de un plan sanitario bajo la Ley de Cuidado de la Salud a Bajo Precio (popularmente conocida como Obamacare), que dio acceso a la atención médica a millones de norteamericanos que hasta entonces no tenían seguro de salud.

Y en cuanto a la amenaza del terrorismo islámico, Obama ordenó en mayo de 2011 la operación en Pakistán en la cual **comandos de las fuerzas armadas norteamericanas dieron muerte a Osama bin Laden,** organizador de los atentados terroristas del 9/11 contra las Torres Gemelas de Nueva York y el edificio del Pentágono en las cercanías de Washington.

Obama le dejaba a Trump un país con una economía robusta, en pleno crecimiento, y una protección mayor a los trabajadores, más derechos para las minorías, menos discriminación racial, étnica y sexual, un país más seguro y con un prestigio internacional restaurado. Sin embargo, Trump convenció a sus numerosos seguidores de que era necesario arreglar muchas cosas en el gobierno.

Durante su campaña, Trump hizo gala constantemente de su condición de *outsider*, de alguien ajeno a la cultura política de Washington, y prometió "drenar el pantano", o sea, poner fin a la búsqueda de favores políticos en el gobierno y al presunto ambiente de corrupción. Trump se presentó como un campeón de la gente común frente a una clase política en la que según él se había enquistado la venalidad, y esa actitud le ganó un mar de popularidad.

Lo cierto es que Trump no drenó ningún "pantano". Más bien, desde el principio su gobierno se sumergió en su propia ciénaga. En el primer año tras su elección, la cantidad de funcionarios de su administración con problemas legales o bajo investigación no tenía precedentes. Según *Newsweek*, el propio Trump fue denunciado por violar la Constitución al dirigir su Hotel Internacional Trump en Washington, en el cual se hospedaron muchos dignatarios extranjeros al visitar al mandatario en la Casa Blanca, con lo cual el cargo de Trump beneficiaba sus negocios personales, algo que está constitucionalmente prohibido. Paul Manafort, segundo jefe de campaña de Trump, fue investigado por aceptar pagos de partes a favor de Rusia en Ucrania. Michael Flynn, asesor de seguridad nacional del presidente, cabildeó a nombre del gobierno de Turquía. Jared Kushner, yerno y consejero de Trump, no reveló créditos millonarios relacionados con su empresa de bienes raíces. Y por lo menos seis directores del gabinete presidencial fueron investigados o cuestionados por gastos excesivos en viajes, equipos de seguridad o tratos de negocios.

En política exterior, Trump prometió acabar con las "guerras sin fin", como las de Irak y Afganistán, anunciando que reduciría considerablemente la cantidad de militares norteamericanos destacados en esos países y que estarían asignados básicamente a tareas de inteligencia y asesoramiento de las fuerzas armadas iraquíes y afganas. También retiró las tropas estadounidenses de Siria.

Trump aprovechó el descontento de la mayoría de los norteamericanos –más del 60 por ciento– con las guerras en el Medio Oriente para ganar puntos en el electorado. También recibió aplausos de sus seguidores por sus críticas a la OTAN, cuando acusó a las naciones europeas integrantes de la alianza militar occidental de no pagar sus cuotas correspondientes y de aprovecharse de los Estados Unidos. Buscó la paz con Corea del Norte al reunirse personalmente con el dictador Kim Jong-un. Y en septiembre de 2020, poco antes de las elecciones, presidió en la Casa Blanca la firma de los acuerdos de paz entre Israel y dos países árabes –los Emiratos Árabes Unidos y Bahréin–, que anunció a bombo y platillo como un gran triunfo de su gestión, aunque muchos gobiernos y observadores internacionales criticaron el acuerdo porque no resuelve la crisis de la población palestina, marginada en Cisjordania y Gaza bajo la ocupación israelí.

Trump pareció asumir una postura pacifista y aislacionista. Pero los datos lo contradicen: su gobierno realizó más ataques con drones que el de su antecesor, Barack Obama. En los ocho años de gobierno de Obama, Estados Unidos realizó 1.878 operaciones con drones; en los dos primeros años de la presidencia de Trump, el número de esos ataques fue de 2.243. Bajo su mandato, el gasto militar de los Estados Unidos aumentó a 738.000 millones de dólares anuales, muy por encima de los 580.000 millones de dólares del último año del gobierno de Obama.

Trump suspendió el acuerdo con Irán bajo el cual la nación persa solo produciría energía nuclear para fines pacíficos, con lo cual aumentó el peligro de una catástrofe atómica. Y también intensificó una confrontación comercial con China que perjudica a los consumidores norteamericanos y en la que permitió conjeturas sobre un hipotético enfrentamiento militar que solo un demente desearía y que crea un riesgo gravísimo para el mundo entero.

Más peligros provenientes de los cuatro años de Trump en la Casa Blanca: en junio de 2017, anunció que los Estados Unidos se retiraban del Acuerdo de París, un compromiso mundial aprobado en 2015 para fortalecer la batalla contra el cambio climático. Años antes, Trump había escrito en Twitter que el concepto del calentamiento global era un invento de los chinos para perjudicar la capacidad de competencia de la industria estadounidense. Más tarde reconoció que había un cambio del clima, aunque no creía que fuera provocado por la actividad humana. Su postura frente a la amenaza climática ha sido nociva, especialmente por su política energética. Trump siempre ha sido partidario de la independencia y la autosuficiencia de los Estados Unidos en el sector de la energía, aumentando la explotación precisamente de las fuentes más contaminantes: el petróleo, el gas, el carbón. En su gobierno, eliminó regulaciones ambientales y promovió el uso del *fracking*, la técnica de fracturación hidráulica para extraer petróleo y gas del subsuelo, que amenaza al medio ambiente y a los seres humanos por la contaminación de acuíferos y la emisión de contaminantes.

Trump llegó a la presidencia con un discurso populista, pero en realidad fue el campeón de los grandes intereses empresariales, incluido el sector petrolero, causante de un devastador calentamiento global que a Trump le tiene sin cuidado.

Corrupción y abuso de poder en su propio gabinete; empleo constante de una retórica agresiva, nacionalista y racista que ha dado una aprobación tácita al fascismo y al supremacismo blanco; aumento del gasto militar; enajenación de aliados tradicionales de los Estados Unidos, como la Unión Europea; hostilidad y guerra comercial contra China; discriminación contra las minorías y los inmigrantes en los Estados Unidos; ataques frecuentes a los medios informativos, a los que llamó "el enemigo del pueblo"; eliminación de medidas ambientales y renuencia a admitir el peligro del cambio climático, están entre las peores características de los cuatro años de Trump en la presidencia, una presidencia nociva para la nación y para el mundo.

Los siete magníficos contra Trump

Cinco días después de haber tomado posesión del cargo, el flamante presidente norteamericano Donald Trump fue el blanco de una insólita protesta. La acción la llevaron a cabo siete integrantes del movimiento ecologista Greenpeace el miércoles 25 de enero de 2017. Los siete activistas treparon casi 100 metros hasta lo alto de una grúa de construcción cerca de la Casa Blanca, temprano en la mañana del miércoles. Una vez en la parte superior de la grúa, colocaron un gigantesco cartel que decía: RESIST (Resistan). Fue una proeza más del grupo ambientalista fundado en 1971, que también lucha por la democracia en todo el mundo. Greenpeace indicó que la protesta fue por la negación de Trump del cambio climático, y por la retórica de odio, racismo y misoginia del mandatario.

El cartel tenía 21 metros de largo por 10,6 de ancho, y un peso de 31 kilogramos. Entre los siete que subieron a colocar el cartel se encontraba la presidenta de la junta directiva de Greenpeace USA, Karen Topakian. Según el *Washington Post*, la grúa se encontraba en el sitio que ocupaba el periódico, que en ese año se estaba transformando en un edificio de oficinas para Fannie Mae, la empresa de préstamos hipotecarios patrocinada por el gobierno de los Estados Unidos.

El primer revés para Trump en materia migratoria

El Departamento de Seguridad Nacional (*Homeland Security*) de los Estados Unidos anunció el sábado 4 de febrero de 2017 que no iba a implementar la orden ejecutiva del presidente Donald Trump que cerraba la entrada a las personas de siete países de mayoría musulmana y también a los refugiados.

La sección de Aduanas y Protección Fronteriza dijo a sus miembros que siguieran los procedimientos de revisión de entrada en los Estados Unidos como si la orden ejecutiva de Trump nunca hubiera existido. Fue el primer revés serio que sufrió el impetuoso y polémico mandatario, a menos de dos semanas de haber ocupado el cargo.

La acción del Departamento de Seguridad Nacional se produjo después que un juez federal de Seattle, en el estado de Washington, James Robart, emitió el viernes 3 de febrero, por la noche, una orden suspendiendo el decreto migratorio de Trump. La Casa Blanca reaccionó inmediatamente diciendo que presentaría una moción de emergencia para detener la orden del juez.

El procurador general del estado de Washington, Bob Ferguson, dijo que estaba decidido a llevar el caso hasta el Tribunal Supremo de la nación si fuera necesario. No conforme con el revés, más adelante, en abril, Trump volvió a imponer otro voto migratorio contra musulmanes, cumpliendo promesas de campaña con un fuerte contenido islamófobo y evocando a las víctimas de los atentados terroristas del 9/11. Curiosamente, los ciudadanos de Arabia Saudita –el país de donde procedían 15 de los 19 terroristas que participaron en los ataques del 11 de septiembre de 2001– no fueron incluidos en el veto.

En cuanto a la orden ejecutiva de marzo, la decisión del juez Robart –que fue nombrado a su cargo por el presidente George W. Bush– y la rapidez con que Seguridad Nacional acató la suspensión del magistrado indicaron una fuerte oposición a Trump en las propias filas del gobierno. Y que el ascenso de la xenofobia y las tendencias fascistas que surgieron a la luz durante la campaña electoral del presidente republicano chocaban contra los valores de justicia y solidaridad que la mayoría de los norteamericanos defiende.

Tormenta en Washington: el primer mes de Trump en la Casa Blanca

En febrero de 2017, en su primer mes en la presidencia, Donald Trump generó un vendaval. Nombró para su gabinete ministerial a multimillonarios no ajenos a conflictos de interés, como Rex Tillerson, el nuevo secretario de Estado, que fue presidente de la petrolera ExxonMobil hasta fines de 2016 y causó una controversia por sus vínculos con el presidente ruso, Vladimir Putin; y Betsy DeVos, la nueva secretaria de Educación, empresaria de Michigan que es una decidida partidaria de la enseñanza privada y de las escuelas chárter, el lucrativo negocio privado de educación costeado por fondos públicos. Trump nombró además como secretario de Justicia a Jeff Sessions, viejo político de Selma, Alabama, con un pésimo historial en materia de derechos civiles, acusado de racista, enemigo del matrimonio gay, partidario de torturar a los prisioneros de guerra, opuesto a la Ley de Protección de Pacientes y Cuidado de la Salud Asequible del presidente Barack Obama, más conocida como Obamacare, y escéptico del cambio climático.

El nominado de Trump para dirigir el Departamento del Trabajo, Andrew Puzder, presidente de CKE Restaurants, recibió críticas por negar derechos y mejoras salariales a los trabajadores de su cadena de restaurantes, y su empresa fue acusada de violar regulaciones laborales. También hubo quejas de acoso sexual contra sus empleadas. Finalmente, Puzder decidió renunciar al nombramiento, ahorrándose una difícil batalla por la confirmación en el Senado.

Y el juez Neil Gorsuch, el candidato de Trump para la vacante en el Tribunal Supremo que dejó el fallecimiento del conservador Antonin Scalia, era tan derechista o más derechista que el difunto magistrado. El giro ideológico a estribor que dio el alto tribunal con la entrada de Gorsuch, un juez relativamente joven, puede durar décadas.

Pero además se desató una tormenta con la revelación de los vínculos entre miembros del equipo de Trump y el gobierno ruso. Michael Flynn, su asesor de seguridad nacional, renunció al cargo al descubrirse que había hablado con el embajador ruso en Washington sobre las sanciones impuestas por el presidente Obama a Rusia por la interferencia de Moscú en las elecciones norteamericanas. Estas indiscreciones de Flynn tuvieron lugar antes de que ocupara su cargo, durante la campaña electoral, lo cual está prohibido por la ley. Y encima, Flynn, ya con el nuevo gobierno instalado, le mintió al vicepresidente Mike Pence sobre sus conversaciones con el funcionario ruso. Su posición era insostenible, y renunció. Sin embargo, el escándalo continuó, ya que los servicios de inteligencia seguían investigando posibles lazos con Moscú de funcionarios del gabinete presidencial, e incluso del propio Trump. La posibilidad de una destitución del presidente no era irreal.

En su campaña, Trump prometió limpiar "el pantano de Washington", pero su gabinete era un muestrario de conflictos de interés y de posturas ideológicas anacrónicas, con una marcada ausencia de preocupación social. Era una ciénaga de la que emanaban el individualismo y la ambición.

En la escena internacional, Trump arrojó la manzana de la discordia. Se enemistó con México, fustigó a China, desdeñó a Latinoamérica, cuestionó el papel de alianzas como la OTAN, mantuvo a la Unión Europea en vilo, tuvo diferencias con el primer ministro de Canadá, Justin Trudeau, y el de Australia, Malcolm Turnbull. Rompió o amenazó con romper tratados comerciales que apoyaban millones de empleos.

Trump alentó los instintos xenófobos de sus seguidores con medidas como el cierre de las puertas a los refugiados y el veto a la entrada de personas de siete países musulmanes: Irán, Irak, Siria, Somalia, Sudán, Yemen y Libia. Esta prohibición iba en contra de la Constitución y de los valores nacionales, y fue detenida valientemente por el juez James Robart, de Seattle. Resulta curioso que el veto de Trump no abarcara a Arabia Saudita, un país gobernado por una teocracia despótica, de donde provinieron 15 terroristas del 9/11, pero sí a Irak, un país ocupado, arrasado y sometido por las tropas norteamericanas.

"De un plumazo nos hemos aislado a nosotros mismos", dijo el reverendo Jesse Jackson en una entrevista con la periodista Amy Goodman, del programa de noticias Democracy Now. "Cuando te enfrentas a los mexicanos y a Latinoamérica, [que forman las] dos terceras partes de nuestro hemisferio; cuando te enfrentas a China con el tema de la política de ese país, que es una cuarta parte de la etnia asiática en el mundo de hoy; cuando te enfrentas a Europa y desestabilizas a la OTAN frente a Putin; y cuando te enfrentas a los refugiados, con un plumazo pones a Estados Unidos moral y políticamente en una posición aislacionista. Con esa prohibición seremos un país más inseguro, no más seguro", afirmó Jackson.

Entre la avalancha de órdenes firmadas por Trump desde su toma de posesión, el 20 de enero, estaban las de reanudar la construcción de los oleoductos Keystone XL y Dakota Access, que presentaban un peligro enorme para el medio ambiente. Ese desastre, desde luego, no inquietaba al presidente ni a su gabinete de multimillonarios, que siempre tendrán un lugar seguro a donde huir cuando el resto de nosotros estemos lidiando con los efectos del cambio climático, con el agua al cuello. Eso sí: hay que reconocer que Trump se esforzó por cumplir sus promesas de la campaña electoral. Los que pensaban que se moderaría una vez instalado en la Casa Blanca se llevaron un chasco: Trump se superó a sí mismo. Trabajó infatigablemente por incrementar el bienestar del uno por ciento más privilegiado de la población nacional, un minúsculo pero poderoso e infinitamente acaudalado segmento en el cual él se instala cómodamente.

Nombró un gabinete que intentaría devolver a América la grandeza que ansían los supremacistas blancos: la América del racismo, de la prepotencia de los ricos, de la insolidaridad social, del machismo institucionalizado. Los obreros norteamericanos blancos que se sintieron olvidados por la globalización y votaron por Trump, se dieron un tiro en el pie mientras demostraban que no tienen la menor conciencia de clase. Trump los utilizó para ganar un número decisivo de votos en la campaña presidencial, pero el magnate los iba a desilusionar. Al terminar su mandato, ni los empleos que la avaricia de las corporaciones se llevó a ultramar regresaron, ni la clase media prosperó, ni se implementó un plan de salud que cubriera a toda la población, ni las escuelas mejoraron, ni la seguridad nacional llegó a ser una coraza invulnerable. Las acciones y los nombramientos de Trump indicaron que, como un huracán, solo iban a dejar una secuela de desastres.

La presidencia de Trump pendía de un hilo

El viernes 3 de marzo de 2017, el presidente Donald Trump lanzó una vitriólica acusación contra su antecesor, Barack Obama, sin fundamento. Trump dijo que Obama ordenó una vigilancia de sus teléfonos en la Torre Trump de Nueva York un mes antes de las elecciones. Hizo esa afirmación, sin ofrecer una sola prueba, en una serie de mensajes en Twitter, en los que dijo que Obama era un "hombre malo (o enfermo)".

El director del FBI, James Comey, pidió al Departamento de Justicia que refutara públicamente la acusación de Trump. En otras palabras, indicó que el presidente estaba mintiendo. A Comey le preocupaba que los tuits de Trump crearan la percepción de que el FBI actuó inapropiadamente. Al parecer, acusar a Obama es la respuesta que se le ocurrió a Trump para contrarrestar las sospechas de vínculos de su administración con el gobierno ruso. Sin embargo, el escándalo de la intromisión de Moscú iba en aumento en el primer trimestre de 2017.

Primero fue Michael Flynn, nombrado por Trump consejero de seguridad nacional (nada menos) y confirmado por el Senado, que muchas veces parecía más bien una banda de *cheerleaders* de Trump. Cuando se descubrió que había hablado con el embajador ruso en Washington, Sergey I. Kislyak, sobre las sanciones a Rusia impuestas por el gobierno de Obama por interferir en las elecciones norteamericanas, y que encima le mintió al vicepresidente Mike Pence sobre esas conversaciones, Flynn no tuvo más remedio que renunciar. Después le tocó el turno al secretario de Justicia, Jeff Sessions, que hacía poco había sido confirmado en el cargo y que también era sospechoso de mantener contactos con el gobierno ruso. Sessions se apartó de la investigación que su propio departamento llevaba a cabo sobre la injerencia de Moscú y sus relaciones con el equipo presidencial. Todo eso tenía a Trump indignado. El 3 de marzo, antes de salir para su "Casa Blanca de invierno" –su lujosa propiedad de Mar-a-Lago, en West Palm Beach– tuvo una fuerte discusión con sus asesores por el problema de Sessions. Al final, los consejeros no lo acompañaron en su viaje. El presidente pasó el fin de semana en su mansión floridana sin sus asesores.

El 28 de febrero, Trump pronunció un discurso ante el Congreso. Muchos observadores coincidieron en que el moderado tono de su alocución era, por fin, "presidencial". Pero enseguida, el presidente dio de nuevo marcha atrás al acusar a Obama sin ofrecer ninguna prueba. Los exabruptos de Trump pusieron de manifiesto su incapacidad para ejercer el cargo que ocupaba. No debía extrañarnos que acusara a su antecesor sin la menor evidencia. Durante el gobierno de Obama, Trump estuvo a la cabeza del movimiento de los *birthers*, los que afirmaban que Obama no había nacido en los Estados Unidos, sino en Kenia, el país natal de su padre. Ese movimiento, desde luego, tenía un fuerte ingrediente de racismo. Como lo tuvo la propia elección de Trump. Pero en su primer trimestre en el gobierno, su presidencia parecía pender de un hilo. Su nivel de aprobación en el poco tiempo que llevaba en el cargo era insólitamente bajo. Los servicios de inteligencia investigaban si Sessions había estado en comunicación con funcionarios rusos durante la campaña electoral. Si lo hubieran aprobado, el escándalo habría cuestionado la capacidad de la administración de Trump para dirigir el país. La sospecha no se demostró. Pero en sus primeros meses en la Casa Blanca, el gobierno de Trump parecía tener los días contados.

América enferma de nuevo

En marzo de 2017, los republicanos presentaron un plan de salud para reemplazar a la Ley de Cuidado de Salud Asequible. Esta ley, conocida como Obamacare por su creador, el presidente Barack Obama, se promulgó con el propósito de que cada norteamericano pudiera ir al médico. Antes de su implementación, 40 millones de norteamericanos no tenían seguro de salud. Después que se puso en vigor, la cifra de los desprotegidos bajó a 20 millones.

Los republicanos querían derogar el Obamacare y poner en su lugar una medida conocida como Ley Americana de Cuidado de la Salud, que consistía básicamente en dar créditos fiscales a la gente para que se comprara su propio seguro. Las empresas no tendrían que pagar seguros para sus empleados.

Hasta ahora, el sistema de salud norteamericano se basa en seguros médicos que las empresas dan a sus trabajadores, pero no gratis, sino cobrándoles una elevada prima. Por ejemplo, un seguro para una familia de cuatro puede costarle al empleado unos 600 dólares mensuales, que se extraen puntualmente de su cheque. A eso hay que sumar los copagos (dinero que uno debe pagar de su bolsillo en la consulta médica) y otros desembolsos por gastos que el seguro médico se niega a cubrir.

Aun así, es preferible tener ese seguro que no tener nada. Millones de ciudadanos del país que se jacta de ser el más avanzado del mundo no van al médico, hasta que una crisis de salud los obliga a aterrizar en una congestionada sala de emergencia.

Los hospitales están obligados a atender a las personas sin seguro en caso de una emergencia donde la vida esté en peligro, pero no tienen que curarlas: solamente están obligados a "estabilizarlas", y entonces las lanzan de nuevo a la calle. Y de acuerdo con los ingresos de esas personas, los hospitales les imponen un plan de pagos mensuales para amortizar la deuda. El costo de la atención en los hospitales es elevadísimo. Una noche de ingreso en un hospital, sin intervención quirúrgica, solo para administrar un antibiótico, por ejemplo, puede costar más de 10.000 dólares. Y el seguro no cubrirá todo el gasto. La parte que el seguro no pague, deberá salir del bolsillo del paciente, el cual quedará con una deuda de miles de dólares.

Obamacare no es perfecto, pero al menos da cobertura a todo el mundo y ofrece ayuda financiera a las personas de menos recursos. Todo ese cuento de los republicanos de que es muy caro, que ha elevado lo que pagan los demás en seguro médico, que no funciona, es mentira. Pero los republicanos lo quieren derogar. Siempre ha sido uno de sus principales objetivos. El presidente Trump anunció en su campaña electoral que una de las primeras medidas que tomaría al llegar a la Casa Blanca sería eliminar el Obamacare.

Los republicanos nunca han querido que los norteamericanos tengan un sistema de salud universal como el que existe en todos los países desarrollados –y en muchos en vías de desarrollo– excepto en este. ¿Por qué? Porque ese tipo de sistema perjudicaría al enorme negocio que en los Estados Unidos gira en torno a la salud. La atención médica, en los Estados Unidos, es una enorme fuente de riqueza para unos cuantos, no un servicio al alcance de toda la población. El que no pueda pagar, que se fastidie.

Obama trató de implementar ese tipo de sistema de salud universal, pero los republicanos del Congreso torpedearon su plan, y lo que finalmente quedó fue Obamacare. Desde luego, algo era mejor que nada. El presidente Bill Clinton también trató de que se aprobara un sistema sanitario para todos, pero chocó con la obstinada resistencia del Congreso, controlado por los republicanos y dirigido por un cavernícola político llamado Newt Gingrich. Y también con la oposición de la Asociación Médica Americana, siempre cuidándose el bolsillo mientras Hipócrates se revuelve en la tumba.

El problema es que estas gentes han conseguido engañar a la mayoría de la población con cuentos fantásticos sobre los sistemas de salud en Europa y Canadá, asegurando que no funcionan, que están al borde de la bancarrota. Todo eso, desde luego, es mentira. Ni los gobiernos europeos más conservadores han conseguido desmontar sus sistemas socializados de salud, aunque algunos sí los han reducido y debilitado, como pasó en España bajo la presidencia de Mariano Rajoy, del Partido

Popular. Tampoco hay legiones de canadienses cruzando la frontera para ir al médico en los Estados Unidos. En cambio, sí hay muchos norteamericanos que se trasladan a países del llamado Tercer Mundo a atenderse sus dolencias o visitar al dentista, porque en los Estados Unidos el costo les resulta impagable.

Paul Ryan, presidente de la Cámara de Representantes en 2017, dijo que el plan de salud de su partido "reduciría los costos, fomentaría la competencia [entre las aseguradoras] y daría a cada estadounidense acceso a un seguro sanitario de calidad y asequible". Ojo con eso de tener acceso. Como dijo ese año un editorial de *The Charlotte Observer*, los norteamericanos tienen acceso a los concesionarios de BMW, pero eso no quiere decir que todos pueden comprarse un auto de lujo. Lo mismo habría ocurrido con el plan sanitario de los republicanos: habría sido demasiado costoso para la mayoría, no habría cubierto a todo el mundo, habría aumentado la cantidad de personas sin seguro y habría seguido forrando los bolsillos de los que participan en el negocio de la salud, mientras abrumaría de deudas a los que tengan que ir al médico. Chuck Schumer, líder de la minoría demócrata en el Senado, dijo sobre ese plan que "es un regalo para las compañías de seguros a costa de las familias estadounidenses".

Trump y los republicanos repiten que quieren hacer a América grande de nuevo. Pero con su plan, como dijo Nancy Pelosi, líder de la minoría demócrata en la Cámara de Representantes, en realidad América estaría "enferma de nuevo". Y la cura podría demorar.

Otro revés para Trump: el fracaso de su plan de salud

El presidente Donald Trump sufrió otro revés el 24 de marzo de 2017, cuando el plan de salud republicano que el mandatario apoyaba fracasó en la Cámara de Representantes. Paul Ryan, el presidente de la Cámara, admitió la peor derrota de su carrera política, al comprobar que el plan de salud que defendía no contaba con el respaldo suficiente en el Partido Republicano, mientras los demócratas se oponían unánimemente. Trump se llevó de nuevo un chasco. El revés anterior fue la suspensión en los tribunales de su decreto contra la inmigración de siete países musulmanes, luego reducidos a seis países.

El plan de salud que fue retirado de la votación en la Cámara por falta de apoyo iba a reemplazar a la Ley de Cuidado de la Salud A Bajo Precio y Protección de los Pacientes, más conocida como Obamacare, creada por el presidente Barack Obama en 2010. Desde entonces, los republicanos se opusieron enérgicamente a la ley, prometiendo derogarla. Pero sus esfuerzos han sido infructuosos.

En siete años fueron incapaces de crear un plan de salud alternativo que resolviera las necesidades de atención médica de los norteamericanos. Obamacare no es perfecto, pero abre las puertas del cuidado de la salud a todo el mundo, incluso a las personas que tienen alguna enfermedad y que antes eran rechazadas por las compañías de seguros. Cuando Obamacare se implementó, había 40 millones de norteamericanos sin seguro médico. Esa cifra se ha rebajado a 20 millones. Obamacare no será una maravilla, pero ha beneficiado y beneficia a millones de personas que antes no podían ir al médico.

Entretanto, el fracasado plan republicano eliminaba muchas protecciones, como la expansión del Medicaid, y se basaba en una hipotética competencia entre aseguradoras que bajaría los precios de la atención médica. En un país donde el costo de esa atención es astronómico, ese cuento de la competencia no se lo creyeron ni los mismos republicanos que se opusieron al plan.

Los legisladores republicanos sabían que un voto a favor del disparate de Trump y sus acólitos les podría costar el puesto en la próxima elección, cuando los electores beneficiados por Obamacare les pasarían la cuenta en las urnas.

Ya debería ser evidente que los ciudadanos comunes que votaron por Trump se dieron un tiro en el pie al poner en la Casa Blanca a un presidente que gobierna para favorecer exclusivamente a la clase socioeconómica a la que pertenece. Trump dijo que haría a América "grande de nuevo" (sea lo que sea que eso signifique) pero el tiro le salió por la culata. El revés en la Cámara de Representantes fue un mal augurio para una presidencia que prometía ser desastrosa, y que lo fue.

Trump le da la espalda al mundo

En menos de seis meses en la Casa Blanca, Donald Trump se las arregló para darle la espalda al mundo. Para ese momento ya había empezado a cambiar el orden mundial que con tanto esfuerzo se trazó desde el fin de la Segunda Guerra Mundial, un cambio que solo un presidente *sui generis* como él sería capaz de lograr. Solo un presidente como él, con una visible falta de preparación para el cargo, un aparente desconocimiento de la geopolítica, y un evidente desprecio hacia aliados y tratados, era capaz de arrastrar a los Estados Unidos hacia el abismo de la soledad.

En la reunión de los líderes de la OTAN en Bruselas a fines de mayo de 2017, enajenó a los dirigentes europeos y puso en duda la disposición de Washington de cumplir con los compromisos de defensa de la Alianza Atlántica, cuyo lema hasta que Trump asumió la presidencia podía ser el de los tres mosqueteros: "todos para uno y uno para todos".

Con los exabruptos del presidente norteamericano, la confianza mutua se resquebrajó, hasta el punto de que en la reunión del G7 en Italia, ese año, Angela Merkel, la canciller de Alemania, dijo que la Unión Europea ya no podía confiar en los Estados Unidos. Y tampoco en el Reino Unido, agregó, sacudido por una ola populista electoral no muy distinta a la norteamericana, que concluyó con el Brexit, la separación de

Europa. "Los europeos tenemos que tomar nuestro destino en nuestras manos", señaló Merkel.

Trump trató a Europa con la misma actitud de perdonavidas que mostró en Bruselas, cuando –como un niño abusador con sus compañeros– empujó bruscamente al primer ministro de Montenegro, Dusko Markovic, para situarse en la primera fila de la foto de los mandatarios. Su lema de la campaña electoral podría haberse cambiado por este: "Hagamos a América arrogante de nuevo". Con profunda decepción, los europeos captaron el mensaje. Poco después, no contento con haber socavado la estabilidad de la alianza con Europa, Trump anunció el 1 de junio de 2017 una movida que sus más fieles seguidores esperaban con la boca hecha agua: la salida de los Estados Unidos del Acuerdo de París. Al retirarse del pacto mundial para combatir el cambio climático, Trump reivindicó la ignorancia y el celo ideológico de los fieles partidarios que lo llevaron al poder.

El Acuerdo de París, adoptado por 195 países el 12 de diciembre de 2015, tiene el propósito de reducir las emisiones de los gases de efecto invernadero para frenar el ascenso de la temperatura planetaria. Pero Trump sostenía que cumplir con el acuerdo iba en contra de la creación de empleos y de los intereses económicos de los Estados Unidos, argumento con el que convenció a sus encandilados seguidores.

Más de 120 millones de norteamericanos viven en las costas, y por lo tanto están en riesgo de sufrir los efectos de la subida del nivel del mar causada por el calentamiento global. Las personas que viven junto al océano saben que ese fenómeno no es un "invento de los chinos" para reducir la capacidad de competencia de las empresas norteamericanas, como dijo una vez Trump, sino una amenaza creíble que puede cambiar la fisonomía del planeta dentro de pocas décadas, provocando inundaciones, la desaparición de islas y extensas zonas costeras, migraciones masivas y otras catástrofes. Pero Trump y sus partidarios más empedernidos no creen –como han concluido los científicos– que el cambio climático se debe a la actividad humana. Para seguir conservando el favor de los trabajadores desempleados del Rust Belt que votaron por él, Trump se esforzó por renovar la obsoleta industria del carbón, una actividad más propia del siglo XIX que del XXI. La producción de energía limpia genera muchos más empleos que la del carbón, pero el contaminador en jefe no parecía tener en cuenta los peligrosos inconvenientes de una nube de *smog* cubriendo a las ciudades norteamericanas.

Tras el anuncio de la retirada del Acuerdo de París, Trump dijo que lo habían elegido para representar "a los ciudadanos de Pittsburgh, no de París", un alarde que ratificaba su ignorancia, como si el pacto climático fuera un convenio para beneficio exclusivo de los parisienses. Pero el alcalde de Pittsburgh, el demócrata Bill Peduto, respondió afirmando que seguiría las directrices del Acuerdo de París. Trump no hizo la comparación más feliz: Pittsburgh, que fue un centro de la producción de acero y una ciudad muy contaminada, es hoy una urbe ecológica, comprometida con la reducción de los gases de efecto invernadero. El 70 por ciento de sus habitantes está a favor de las medidas contra la polución, y el 80 por ciento de su electorado votó por Hillary Clinton.

Pero a Trump no lo detenía la confrontación con la realidad. Acorralado por los hechos, mantuvo su terco desafío contra el mundo desde la Casa Blanca, desde una de sus famosas torres – ¿de marfil?– o desde su mansión floridana de Mar-a-Lago, un opulento enclave en Palm Beach que irónicamente podría quedar bajo las aguas en menos de un siglo, a causa del cambio climático que Trump se empeñó en ignorar.

Trump frente a Cuba: mucho ruido y pocas nueces

Aclamado fervorosamente por una multitud de exiliados cubanos de línea dura, el presidente Donald Trump se presentó el 16 de junio de 2017 en Miami para anunciar la nueva política del gobierno de los Estados Unidos hacia Cuba.

En el teatro Artime de la Pequeña Habana, junto al vicepresidente Mike Pence, el gobernador de la Florida, Rick Scott; el senador republicano Marco Rubio, los representantes republicanos Mario Díaz-Balart y Carlos Curbelo, y otros líderes y políticos de derecha, Trump anunció a bombo y platillo los cambios en las relaciones con Cuba.

Las relaciones entre ambos países –rotas a principios de la década de 1960– fueron restauradas por el presidente Barack Obama el 17 de diciembre de 2014. Trump tenía el propósito de dar marcha atrás a esa decisión de su antecesor en la Casa Blanca, como hizo o trató de hacer con otras medidas de Obama. Trump quería borrar el legado del primer presidente afroamericano de los Estados Unidos. No obstante, los cambios que anunció el jueves 16 de junio no fueron radicales. A pesar de su alarde en el teatro de la Pequeña Habana, Trump apenas modificó los pasos dados por Obama en la relación con Cuba.

La nueva política norteamericana hacia la isla hizo más estricto el proceso de autorización de los estadounidenses para viajar a Cuba, aunque no eliminó los viajes, y prohibió hacer negocios con las empresas de la isla dirigidas por el Grupo de Administración Empresarial, S.A. (GAESA), una división de las fuerzas armadas que controla el 60 por ciento de la economía cubana. Trump también ordenó que su gobierno se opusiera a cualquier intento de levantar el embargo comercial que Washington mantiene contra Cuba desde hace medio siglo. Pero al mismo tiempo, la nueva política mantuvo las relaciones diplomáticas y la embajada en La Habana; permitió que los cubanos que residen en los Estados Unidos sigan viajando a la isla; dejó que los cruceros de recreo continuaran visitando Cuba, y no rescindió los contratos establecidos en una fecha anterior al anuncio del cambio de política. Al parecer, la empresa hotelera norteamericana Starwood podía seguir administrando un hotel de La Habana controlado por GAESA.

Trump no dio marcha atrás a las relaciones entre Washington y La Habana, como esperaban los exiliados más recalcitrantes. Más adelante congelaría las relaciones y obstaculizaría los viajes y las remesas. Pero no restituyó el privilegio migratorio de la política de "pies secos, pies mojados", una norma instituida por el presidente Bill Clinton según la cual los cubanos que pusieran pie en suelo norteamericano, podían quedarse en los Estados Unidos legalmente, mientras que los capturados en el mar eran devueltos a Cuba. Obama puso fin a esa política el 12 de enero de 2016, pocos días antes de que Trump asumiera la presidencia, el 20 de enero. Muchos cubanos exiliados esperaban que el nuevo presidente volvería a implantar la política de "pies secos, pies mojados". Pero no fue así. A pesar de sus alardes y de la retórica electorera que desplegó en la Pequeña Habana para mantener el favor de los cubanos de derecha de Miami, Trump no hizo el gran cambio esperado en la política hacia Cuba. No estuvo a la altura de sus promesas. Sin embargo, sus partidarios del exilio cubano lo aplaudieron a rabiar en el teatro. El anuncio de Trump, en realidad, fue mucho ruido y pocas nueces, pero su fiel público quedó complacido con la actuación.

Una cura urgente para el sistema de salud

Demostrando una vez más su insensibilidad hacia los norteamericanos que no pertenecen a la clase adinerada, en julio de 2017 el presidente Donald Trump volvió a exigir a los congresistas republicanos que aprobaran la reforma del sistema de salud llamada Ley Estadounidense de Cuidado de la Salud (AHCA por sus siglas en inglés) antes de que los legisladores se fueran de vacaciones.

El 11 de julio, en uno de sus numerosos y controversiales tuits, Trump dijo: "No me puedo imaginar que se atrevan a dejar Washington sin una bonita nueva ley de salud completamente aprobada". La AHCA –más conocida como Trumpcare porque el presidente es su principal defensor– afrontó desde sus inicios la negativa de los legisladores demócratas a aprobarla. Incluso varios republicanos expresaron sus dudas. A principios de julio, unos 10 dijeron que no votarían por el proyecto tal como estaba escrito. El senador Bill Cassidy, republicano por Luisiana y médico de profesión, dijo el 9 de julio: "El proyecto ha muerto".

No obstante, Trump y la mayoría de los republicanos se comprometieron a reemplazar a toda costa la Ley de Cuidado de la Salud a Precios Bajos, promulgada por el ex presidente Barack Obama y conocida como Obamacare. La insistencia de Trump y sus seguidores por revocar el Obamacare formaba parte de su decisión de borrar completamente el legado del primer presidente afroamericano de los Estados Unidos. Era una decisión obsesiva, y para lograrla el bienestar de la gente les importaba un bledo.

Obamacare está lejos de ser perfecto, pero al menos dio acceso a la atención médica a millones de norteamericanos que antes tenían que esperar a estar prácticamente al borde de la muerte para acudir a una sala de emergencia, y luego pagar como pudieran el abusivo costo de una visita o de una estancia en un hospital. Obamacare también obligó a las aseguradoras a aceptar a personas con lo que se conoce como "condiciones preexistentes", es decir, a personas que tienen alguna enfermedad cuando solicitan un seguro médico. Antes de Obamacare, las aseguradoras simplemente les negaban la cobertura a esas personas, mientras Hipócrates se revolvía en la tumba. El plan de salud del presidente Obama también asignó fondos federales para ayudar económicamente a los que no pudieran costear un seguro médico, mientras aumentaba los impuestos a los estadounidenses más ricos.

La ley por la que Trump abogó con insistencia habría dejado a unos 25 millones de personas sin seguro médico, creado un sistema de créditos fiscales federales para que la gente comprara seguro, reducido enormemente los fondos para el Medicaid –el programa de salud para personas de bajos ingresos, costeado por fondos federales y de los estados– y permitido que los estados eliminaran muchos beneficios de Obamacare, como la atención a embarazadas, servicios de emergencia y tratamientos de salud mental.

Una encuesta realizada a fines de junio de 2017 por *USA Today* y la Universidad de Suffolk reveló que solamente el 12 por ciento de la población aprobaba el Trumpcare. Pero ocho de cada diez republicanos expresaron su deseo de revocar Obamacare, y casi la tercera parte –entre ellos el presidente Trump– dijo que Obamacare se debía anular aun cuando una ley de reemplazo no estuviera lista. Una idea que indicó el grado de solidaridad social en las filas del GOP. La solución a ese dilema la ofreció el congresista John Conyers, demócrata por Michigan que ha estado en el Capitolio desde 1965. Conyers presentó un proyecto de ley, el H.R. 676, que extendería el Medicare a todos. El Medicare es un programa federal costeado por los contribuyentes, que da atención médica a las personas mayores y a los que tienen discapacidades. Conyers quería extenderlo a toda la población. Es lo mismo que propugna el senador Bernie Sanders, legislador socialista demócrata por Vermont.

El Medicare para todos dejaría intacta la estructura actual de hospitales privados y consultas médicas privadas. Pero como señalaron Amy Goodman y Denis Moynihan en el artículo *La solución a nuestros males*, publicado en Democracy Now!, las aseguradoras tal como las conocemos hoy desaparecerían al quedarse sin negocio. El plan que propuso el congresista Conyers sería muy similar al que existe en todos los países desarrollados menos en los Estados Unidos. Convertiría por fin el cuidado de la salud en un derecho para todos, y no en un privilegio para los que puedan pagarlo.

Es hora de que los norteamericanos despierten y no se dejen engañar más por los mercaderes que han hecho del cuidado de la salud un negocio lucrativo. Es hora de que entiendan que, contra lo que afirma la propaganda neoliberal, dejar toda actividad en manos del sector privado no siempre es lo mejor para todos, y muchas veces es lo peor. En el caso de la salud, la relación entre el médico y el paciente no debe estar definida por las leyes del mercado, de cuya ineficiencia en ese campo vemos pruebas todos los días.

Trump llegó a la presidencia sobre la ola de un patriotismo exacerbado. No encuentro muchas cosas más patrióticas que dar atención médica gratis, costeada por los impuestos que pagamos, a todos los norteamericanos, sin distinción de posición económica. Esa sería la cura verdadera, patriótica y humana al dilema de la salud.

Trump contra la inmigración

Desde que se inauguró en 1886, la Estatua de la Libertad fue durante muchos años la primera visión de América que tenían los inmigrantes europeos que llegaban en barco, cruzando el Atlántico, hasta Nueva York, su puerto de entrada.

Venían huyendo de las guerras que devastaban al Viejo Continente, de la pobreza, de la falta de futuro. Buscaban la esperanza que habían perdido en su tierra natal, y los Estados Unidos, un país joven, fundado sobre ideales de libertad, les abría los brazos. Así lo atestiguaba el poema *El nuevo coloso*, de la neoyorquina Emma Lazarus, escrito en 1883 con el fin de recaudar fondos para la construcción del pedestal de la famosa estatua. El poema, que se grabó en el pedestal en 1903, dice:

"¡Guardaos, tierras antiguas, vuestra pompa legendaria!, exclama ella./ Dadme a vuestros rendidos, a vuestros desdichados,/ a vuestras hacinadas muchedumbres que anhelan respirar en libertad./ Enviadme a estos, los desamparados, los que por la tempestad son azotados./ ¡Yo alzo mi antorcha junto al puerto dorado!".

En agosto de 2017, el presidente Donald Trump y su asesor Stephen Miller echaron por tierra esa visión de los Estados Unidos como un país de esperanza para pobres y perseguidos.

La propuesta de inmigración elaborada por dos senadores republicanos, David Perdue, de Georgia, y Tom Cotton, de Arkansas, y que tenía el pleno respaldo de Trump, reducía la inmigración legal a la mitad, sobre la base de un programa de puntos y méritos que beneficiaba principalmente a la gente adinerada. No es extraño: el presidente se rodeó de millonarios en la Casa Blanca y defendía constantemente a su clase social.

Entretanto, en un encuentro con la prensa, el asesor Miller intentó rebajar el valor del poema de Emma Lazarus, al decir que no formaba parte de "la Estatua de la Libertad original" sino que se había colocado mucho después de la inauguración del monumento.

El proyecto de ley de inmigración pasó al Congreso, y la batalla no iba a ser fácil. Pero Trump aclaró, con ese plan, cuál era la postura de su gobierno frente a la inmigración, un fenómeno social que históricamente ha fortalecido a la nación.

La propuesta de Trump establecía que los inmigrantes no solo deben entrar legalmente con visa, sino además saber inglés, demostrar que tiene medios para mantenerse económicamente en los Estados Unidos y dar un aporte importante a la nación. Muchos trabajadores latinoamericanos que vienen a este país con ánimo de trabajar duro para prosperar y sacar adelante a sus familias no serían aceptados bajo las normas que desea Trump. Pero sí abriría las puertas a muchos extranjeros corruptos con fortunas mal habidas que saben inglés, si las autoridades no detectan ninguna ilegalidad en sus manejos financieros.

El programa de refugiados, que permitía la entrada de 100.000 en el año fiscal 2017, bajaría a 50.000, según el proyecto de los dos legisladores sureños. Y en cuanto a la reclamación de familiares inmediatos, el plan dejaría las reclamaciones de cónyuges e hijos menores, pero suprimiría las de hijos adultos, padres y hermanos.

El respaldo de Trump al plan de limitar drásticamente la entrada de inmigrantes se produjo en momentos en que la popularidad del presidente había bajado a su peor nivel, incluso entre su principal base de apoyo: los blancos no hispanos de estados rurales y poca formación académica. Trump dio un espaldarazo al plan de Perdue y Cotton para seguir contando con el respaldo de los xenófobos y los supremacistas blancos que lo pusieron en la Casa Blanca. Su lema de "hacer a América grande de nuevo" (¿cuándo fue que la nación perdió su grandeza?) es en realidad "hacer a América blanca de nuevo".

Ese ideal racista hizo retroceder al país varias décadas en el terreno de la igualdad y los derechos civiles. Pero además el proyecto migratorio sería muy perjudicial para la economía nacional, que todavía necesita una gran inyección de mano de obra de baja calificación para ocupar puestos de trabajo que muchos ciudadanos no están dispuestos a llenar en sectores como la agricultura, la construcción, los servicios, etc. Muchos inmigrantes que llegan de América Latina y otras regiones, decididos a realizar los trabajos que a los norteamericanos no les interesa hacer, no podrían venir bajo el plan de Trump. Se perdería el efecto beneficioso de esa inmigración para la economía en general. Sería un desastre nacional.

Trump puede tener una calificación de cero en solidaridad social y no dar importancia a los ideales consagrados en el poema de Emma Lazarus, pero en el terreno económico al menos debería saber cómo sacar las cuentas.

La estela del huracán Irma

En septiembre de 2017, un huracán monstruoso llamado Irma dejó una estela de destrucción y dolor en el Caribe y en la Florida, antes de disolverse en un rastro de lluvia en Arkansas y Tennessee, en el centro de los Estados Unidos.

Como el huracán Harvey, que azotó unos días antes el sur de Texas, Irma se ensañó en los lugares por donde pasó, demorándose infinitamente en trasladarse, avanzando a un paso endiabladamente lento, arrasando todo en un amplio radio de vientos demoledores.

El Malecón de La Habana, antes una muralla que contenía las arremetidas del mar, no pudo detener la irrupción de Irma, que cubrió el litoral habanero con sus aguas enfurecidas. Pero lo mismo pasó al otro lado del estrecho, en Miami, donde la marejada inundó Miami Beach y zonas de la tierra firme como el distrito de Brickell. Entretanto, los Cayos de la Florida sufrieron un impacto espantoso que arrasó con la cuarta parte de las viviendas y destrozó edificios y embarcaciones. Los paradisíacos cayos que se extienden desde los Everglades hacia el Golfo de México tardarán en recuperar todo su esplendor. En la península, Naples, Tampa, St. Petersburg tampoco escaparon al azote del pavoroso ciclón.

Hay que reconocer que los meteorólogos no nos fallaron y predijeron con exactitud el paso de Irma y la magnitud de la catástrofe. Sus avisos de evacuar las zonas en peligro no fueron exagerados; todo lo contrario, salvaron vidas. Los funcionarios públicos también indicaron al público la necesidad de protegerse y de irse si era necesario.

También hay que reconocer que no estamos preparados para afrontar fenómenos naturales como Irma o Harvey. Sí, es cierto que tras el aviso de políticos y expertos, y en cuanto el entonces gobernador de la Florida, Rick Scott, decretó una emergencia en todo el estado, la gente salió corriendo a abastecerse de gasolina, agua y provisiones. Pero en pocas horas vaciaron las gasolineras, llenando no solo los tanques de sus vehículos, sino también incontables bidones, en una afanosa carrera por acaparar gasolina que recordaba las películas de Mad Max. Y en idéntico tiempo arrasaron con los supermercados, donde pronto no quedaron más líquidos que unas pocas botellas de Perrier y, eso sí, abundante selección de vinos (al parecer, para enfrentar las catástrofes, la mayoría prefiere la cerveza). Los rezagados que llegaban a los mercados en busca de provisiones, siguiendo las recomendaciones de los líderes, no encontraban nada. Entretanto, las filas en las pocas gasolineras que todavía despachaban combustible eran kilométricas.

En realidad, cuando los líderes y los comentaristas de los medios instan al público a prepararse para el huracán, lo que están diciendo es "sálvese quien pueda". El gobierno no planifica para episodios de desastres como Irma o Harvey; no tiene reservas; no puede reabastecer a los negocios privados, arrasados por las multitudes ansiosas por prepararse para lo que viene.

Toda la preparación de la población se deja en manos del mercado, de la iniciativa privada, siempre bajo el dogma del neoliberalismo en boga desde la época de Ronald Reagan. Pero como señala Joseph Stiglitz, premio Nobel de Economía, en un artículo publicado en *The Guardian* el 8 de septiembre, "los mercados por su cuenta son incapaces de proporcionar la protección que las sociedades necesitan. Cuando los mercados fallan, como sucede a menudo, la acción colectiva se hace imperativa". El gobierno llega a reparar el daño y salvar lo que puede después de la catástrofe, pero antes, su acción es por lo general poco previsora.

Los mercados por su cuenta tampoco tomarán las únicas medidas que en realidad pueden salvarnos de estos desastres: combatir decisivamente el cambio climático. El aumento de la temperatura del planeta y de las aguas de los océanos generará cada vez más fenómenos extremos como Irma y Harvey, apunta el consenso científico que los mercados y su representante en la Casa Blanca, el presidente Donald Trump, se empeñan en ignorar. Pero cualquiera que haya vivido por un buen número de años en Miami o en los Cayos de la Florida –lugares azotados por la furia de Irma– sabe muy bien que el calentamiento global no es una patraña de los chinos, como Trump aseguró una vez. Es un peligro real y visible, provocado por las emanaciones de gases contaminantes que genera nuestra civilización industrial. Y los mercados no parecen capaces de conjurar esa amenaza.

La masacre de Las Vegas: otra tragedia del culto a las armas en los Estados Unidos

Sonny Melton, un joven enfermero de Tennessee, murió en Las Vegas cuando protegía a su esposa de los disparos de un loco desde el hotel Mandalay Bay, el 1 de octubre de 2017.

Cuando Stephen Paddock abrió fuego con un fusil de guerra desde el piso 32 del hotel donde se había alojado, Sonny tomó de la mano a su esposa Heather, una cirujana, y echaron a correr. El joven iba detrás, con sus manos sobre los hombros de la mujer, protegiéndola con su cuerpo. Un héroe que dio su vida para que su esposa se salvara.

Heather relata qué sintió cuando una bala alcanzó a su esposo. Bajo los disparos del orate, gritó pidiendo ayuda y empezó a darle resucitación cardiopulmonar a su esposo, en un esfuerzo desesperado por no perderlo. Pero fue inútil.

Sonny Melton "era un buen hombre", dijo su padre, James Melton, en un mensaje que puso en Facebook, "haciendo lo que los hombres buenos hacen. Fue un héroe".

El joven no tenía que haber muerto esa noche, como tampoco tenían que haber muerto las otras víctimas fatales del cobarde enloquecido que disparó contra los asistentes a un concierto de música country en Las Vegas.

Paddock mató a 58 personas e hirió a más de 500 antes de quitarse la vida cuando los policías por fin detectaron de donde venían los disparos e irrumpieron en su habitación en el hotel Mandalay Bay. Un policía lloró por la rabia de no haber podido llegar antes y evitar la muerte de tantas personas.

Fue la peor masacre en la historia moderna de los Estados Unidos, un país conmovido con demasiada frecuencia por matanzas cometidas por individuos trastornados y fuertemente armados. Un país donde es perfectamente legal comprar un arsenal, y donde un fusil semiautomático se puede convertir – también con la aprobación de la ley– en una ametralladora gracias a un dispositivo llamado *bump stock*, inventado por Bill Akins, un ex marine de la Florida. Akins expresó sus condolencias por las víctimas, pero también defendió el derecho constitucional de portar armas.

El mismo día de la masacre en Las Vegas, un terrorista del Estado Islámico agredió a los pasajeros en una estación de trenes de la ciudad francesa de Marsella. Mató a dos mujeres antes de que los soldados lo abatieran. El arma que utilizó fue un cuchillo. Si hubiera tenido un armamento como el que Paddock tenía a su disposición, el saldo mortal habría sido sin duda mucho más elevado. Pero sucede que en Francia, como en la mayoría de los países desarrollados con la excepción de los Estados Unidos, adquirir un arma no es ni tan fácil ni tan común.

En los Estados Unidos hay más de 300 millones de armas de fuego en manos de la población, más pistolas y fusiles que habitantes. La cantidad de armas en manos civiles guarda una relación directa con la cantidad de asesinatos. Según la Oficina de Drogas y Crimen de las Naciones Unidas, el índice de homicidios por cada 100.000 habitantes en los Estados Unidos es de 4,88, mientras en Canadá es de 1,68, y en los países de Europa Occidental, Australia y Nueva Zelanda no llega a 1. En China, el índice es de 0,74, y en Japón de 0,31. En Mónaco, donde se encuentra el mundialmente famoso Casino de Montecarlo, el índice de asesinatos es 0. En ninguno de esos países se puede comprar armas como en los Estados Unidos.

La sociedad norteamericana es rehén de la industria de las armas y de su principal representante, la Asociación Nacional del Rifle (NRA), que aporta jugosas donaciones a las campañas de los políticos y mantiene un bombardeo propagandístico perenne. Y el lavado de cerebro da frutos: en una encuesta de Gallup de 2016, el 76 por ciento de la población se opuso a que se promulgue una ley que haga ilegal la posesión de armas, excepto por la policía. Creen que estando armados hasta los dientes tendrán más seguridad, cuando las estadísticas indican lo contrario. Esa visión de la calle como un campo de batalla es un rezago de épocas turbulentas en la historia de la nación, cuando el país creció arrebatando territorios ajenos a tiro limpio.

El culto a las armas no es propio de una sociedad civilizada, pero en los Estados Unidos no solo se mantiene, sino que raya en el fanatismo. Y produce monstruos como Stephen Paddock, el demencial asesino que desgarró la noche en Las Vegas.

El cambio climático vacía los bolsillos del Tío Sam

El cambio climático ya cuesta a los contribuyentes norteamericanos miles de millones al año, según un estudio de la Oficina de Supervisión del Gobierno (GAO) de 2017.

El periodista Michael Biesecker, especializado en temas ambientales, señaló en un artículo de Associated Press que el gobierno federal gastó más de $350.000 millones entre 2007 y 2017 en programas de ayuda en casos de desastres naturales y en pérdidas por inundaciones y daños a cultivos. Y esa cifra no incluye el enorme costo de los fuegos forestales y de tres devastadores huracanes en 2017. Uno de esos huracanes, María, arrasó Puerto Rico, dejando a la mayoría de la población sin electricidad ni agua potable y creando una crisis humanitaria.

El informe de la GAO indica que estos costos crecerán en el futuro cercano, y que para 2050 ascenderán a unos $35,000 millones cada año.

"El costo de los eventos extremos –dice el informe– aumentará cuando lo que se consideran eventos raros se hagan más comunes y más intensos debido al cambio climático".

Según el informe, el gobierno federal no tenía en ese momento un plan eficaz para afrontar estos costos, ni había emprendido una planificación estratégica para enfrentar el cambio climático, identificando los riesgos y trazando las respuestas federales apropiadas.

Entretanto, el entonces presidente Donald Trump no creía en el cambio climático. Retiró a los Estados Unidos del Acuerdo de París para combatir las emisiones de gases de efecto invernadero. Revocó iniciativas del presidente Barack Obama para reducir la polución. Y nombró en cargos que tienen que ver con el clima a políticos que cuestionaban el consenso científico sobre el cambio climático: Scott Pruitt al frente de la Agencia de Protección Ambiental (EPA), Rick Perry como secretario de Energía, y Ryan Zinke como secretario del Interior. Todos ellos negaban que la quema de combustibles fósiles como el petróleo es el principal causante del calentamiento global. Todos ellos estaban a favor de seguir convirtiendo al planeta en una caldera hirviente, mientras los petroleros se forran los bolsillos. Y mientras Trump combatía el cambio climático lanzando rollos de papel toalla a las azoradas víctimas del huracán María en Puerto Rico.

Trump rompe un récord en índice de (des)aprobación

A principios de noviembre de 2017, el índice de aprobación del presidente Trump era el más bajo de cualquier presidente en las últimas siete décadas.

Las encuestas de aprobación de los inquilinos de la Casa Blanca se empezaron a llevar a cabo hace 70 años, con Harry S Truman como el primer encuestado.

Según una encuesta del *Washington Post* y ABC News, divulgada el 5 de noviembre de 2017, menos de 4 de cada 10 norteamericanos, el 37 por ciento, aprobaba la gestión del presidente. El 59 por ciento desaprobó su trabajo, y el 50 por ciento lo desaprobó enérgicamente.

Fue el peor índice para Trump en el tiempo que llevaba en la presidencia. Y el peor de cualquier presidente en los últimos 70 años en el mismo período del mandato.

El 65 por ciento de los encuestados dijo que Trump había logrado en su gestión "no mucho" o "poco o nada". El 43 por ciento dijo que había logrado "poco o nada".

La mayoría dio al presidente una nota negativa en aspectos sumamente importantes como: la economía, el sistema de salud, la amenaza terrorista, la seguridad nacional y las relaciones raciales.

En la economía, el 53 por ciento no aprobó su gestión. En salud, solamente el 26 por ciento pensaba que estaba haciendo bien las cosas. En el manejo de la amenaza del terrorismo, el 43 por ciento lo aprobó. El 51 por ciento no confiaba en él "en absoluto" en el terreno de la seguridad nacional.

Y en relaciones raciales, menos de 3 de cada 10 dijo que había hecho un buen trabajo. La mitad de los norteamericanos opinó que Trump discrimina a los afroamericanos, y el 55 por ciento pensaba que tiene prejuicios contra las mujeres.

Por último, el 66 por ciento dijo que Trump no tenía la personalidad ni el temperamento para ser presidente. Los votantes debieron haber pensado mejor en noviembre de 2016.

Dakota del Sur se baña en petróleo

Un derrame de petróleo en el oleoducto Keystone disparó la alarma en Dakota del Sur el jueves 16 de noviembre. Se calculó que en ese estado norteamericano se habían derramado unos 210.000 galones de crudo.

TransCanada, la compañía que opera el oleoducto, informó que cerró la tubería y que estaba investigando la causa del derrame. Recalcó que la seguridad del público y del medio ambiente eran sus prioridades.

Según un cable de Associated Press, Brian Walsh, un científico del Departamento de Medio Ambiente y Recursos Naturales de Dakota del Sur, dijo que los funcionarios del gobierno no creen que el derrame haya afectado ninguna masa de agua en la superficie ni que haya amenazado los sistemas de agua potable del estado.

Pero no basta con que lo crean: un derrame de 210.000 galones de petróleo en el medio ambiente es una amenaza ecológica considerable. Es un accidente alarmante. También es alarmante que bajo el gobierno del presidente Donald Trump, los Estados Unidos dieron marcha atrás en la batalla contra la contaminación, generadora del cambio climático.

El oleoducto Keystone forma parte de la gigantesca tubería de 2.687 millas de largo que iría desde Canadá hasta el Golfo de México, el oleoducto Keystone XL. En marzo de 2017, el entonces presidente Trump otorgó un permiso federal al proyecto. Organizaciones ecologistas como el Sierra Club han afirmado que el enorme oleoducto constituye una amenaza seria para el medio ambiente. Pero al multimillonario que residía en la Casa Blanca y a los representantes de la plutocracia norteamericana en el Congreso les importaba poco el azote ya palpable del cambio climático.

En vez de promover el uso de energías alternativas que no contaminan, quieren seguir quemando petróleo, envenenando la atmósfera. Trump incluso deseaba revivir la industria del carbón, una actividad decimonónica de devastadoras consecuencias para el clima y para la gente.

El derrame en el oleoducto Keystone fue solo un avance de lo que nos espera si seguimos votando por políticos irresponsables que piensan más en las ganancias inmediatas de los adinerados que en el bienestar de la mayoría.

Trump en los Papeles de Panamá

El nombre del presidente Donald Trump apareció por primera vez en los Papeles de Panamá el viernes 24 de noviembre de 2017, según un artículo del *New York Daily News* por Chris Sommerfeldt.

Los Papeles de Panamá es el nombre con que se conoce una filtración de documentos confidenciales del bufete panameño Mossack Fonseca, que revela las formas en que las personas más ricas del mundo ocultan sus transacciones financieras para evadir impuestos.

El primero en descubrir el nombre de Trump en los Papeles de Panamá fue el reportero investigativo Jake Bernstein ese mismo viernes. El hallazgo tenía que ver con la compra y posterior venta de un condominio en el Trump Palace, en Nueva York, a principios de la década de 1990.

Según el artículo del *New York Daily News*, la compra del condominio en el piso 16 del rascacielos situado en el Upper East Side, una de las zonas más prósperas de Manhattan, la realizó una compañía panameña llamada Process Consultants, Inc., en 1991. Tres años después, una mujer de Hong Kong compró el condominio por $355.000.

El artículo del diario neoyorquino indicó que Process Consultants es una compañía de acciones al portador, que se pueden usar para transferir bienes anónimamente. Esas acciones, según el artículo, se usan frecuentemente para lavar dinero. Esto no quiere decir que la transacción haya sido delictiva o ilegal. Pero sí cae bajo el velo de opacidad que cubre a los negocios descubiertos en la investigación de los Papeles de Panamá.

Los ricos han usado a las compañías pantalla descubiertas en los Papeles de Panamá para evadir impuestos. Trump debió haber aclarado cuanto antes el papel que tuvo su empresa en ese negocio. El presidente de los Estados Unidos le debía esa aclaración al pueblo norteamericano.

Reforma fiscal en los Estados Unidos: más dinero para los ricos

En medio de las sombras de la noche, en la madrugada del sábado 2 de diciembre de 2017, los republicanos del Senado aprobaron una propuesta de reforma fiscal que benefició a los ricos y a las grandes corporaciones, y dio una puñalada por la espalda a la clase trabajadora norteamericana.

La medida rebajó el impuesto a las empresas del 35 por ciento al 20 por ciento, y otorgó reducciones menores a los individuos. Ojo: las reducciones tributarias a las corporaciones son permanentes, pero las de los individuos terminan en 2026.

El Comité Conjunto sobre Impuestos del Congreso, una entidad no partidista, señaló que las para muchas familias serían modestas y que para 2027, los que ganaran menos de $75.000 al año pagarían impuestos más altos, no más bajos. La reforma puso en evidencia que los republicanos del Capitolio no trabajaban precisamente para la mayoría de la población. La reforma además podría causar que el déficit se disparara en un billón de dólares en una década. Eso fue lo que hizo que el senador Bob Corker, de Tennessee, fuera el único republicano del Senado en votar contra la medida.

¿Qué pasó con la preocupación constante de los republicanos con el déficit federal durante el gobierno de Barack Obama? Era un temor espantoso que no los dejaba dormir. Pero bajo el mandato de Donald Trump, con un Congreso controlado por los republicanos, la inquietud por el déficit desapareció.

La medida tuvo otro efecto pernicioso: eliminó del programa de salud promulgado por el presidente Obama, el Obamacare, el requerimiento de comprar seguro médico o pagar una multa. La Oficina de Presupuesto del Congreso dijo que la medida subiría las primas de los seguros médicos y dejaría sin atención médica a unos 13 millones de personas. La consigna de los legisladores republicanos parecía ser tomar más dinero de los contribuyentes para aumentar la opulencia de los acaudalados. Los ricos y sus sirvientes en el Capitolio hicieron una nueva redistribución de la riqueza nacional que favoreció a la clase más adinerada, mientras los demás tenemos que seguir costeando con nuestro sudor y nuestros impuestos su suntuoso estilo de vida. La revolución de los ricos contra los pobres, iniciada durante el gobierno del republicano Ronald Reagan, seguía a todo tren en su impetuosa marcha hacia una colisión con el futuro.

Un elefante en la cristalería diplomática

Uniendo la acción a la palabra, el presidente Donald Trump revocó el 8 de enero de 2018 la protección migratoria temporal

(TPS por sus siglas en inglés) a los salvadoreños en los Estados Unidos. Anteriormente, en noviembre, había cancelado el TPS a los nicaragüenses y a los haitianos. Se temía que hiciera lo mismo en julio con los inmigrantes hondureños.

Trump dijo desde la campaña electoral que quería limitar la inmigración. Seguía empeñado en levantar un muro en la frontera con México para que no entrara más gente del sur. Expulsó a centroamericanos y haitianos. Y a pesar del apoyo electoral que recibió de los cubanos, no restauró los privilegios migratorios que tenía ese grupo y que el presidente Barack Obama canceló.

Poco después, el 11 de enero, Trump provocó una tormenta internacional en una reunión sobre inmigración con varios legisladores en la Casa Blanca.

Según el senador demócrata Richard Durbin, de Illinois, y otras personas presentes en la Oficina Oval, cuando los congresistas propusieron devolver la protección del TPS a personas de El Salvador, Haití y varias naciones africanas a cambio de suspender la lotería de visas en otros países, el presidente respondió: "¿Por qué la gente de esos países de mierda tiene que venir aquí?" La palabra en inglés que empleó para referirse a esos países fue *shithole*.

Después, Trump sugirió que los Estados Unidos deberían atraer a inmigrantes de países como Noruega. En otras palabras, Trump abría los brazos a europeos del norte pero cerraba las puertas a latinoamericanos y africanos. Y eso, aunque él lo negara, sonaba a racismo.

La tempestad se desató inmediatamente. Líderes y ciudadanos de los países que Trump llamó *shitholes* protestaron enérgicamente. Trump negó en su medio de comunicación favorito, Twitter, que hubiera empleado ese lenguaje soez en la reunión, pero varios presentes afirmaron que sí usó esas palabras ofensivas. Además, el daño ya estaba hecho. El Departamento de Estado afrontaba un desastre diplomático causado por el presidente.

De su propio partido le llovieron críticas. Ileana Ros-Lehtinen, congresista republicana por la Florida, dijo que la decisión del presidente de despojar de la protección del TPS a los salvadoreños era "una vergüenza". Y sobre el comentario ofensivo de Trump contra El Salvador y otros países, expresó que un lenguaje como ese "no debería escucharse en la Casa Blanca". El presidente de la Cámara de Representantes, Paul Ryan, republicano de Wisconsin, dijo que el comentario de Trump era "muy desafortunado". La senadora republicana Susan Collins, de Maine, manifestó que las palabras del mandatario eran "muy inapropiadas y fuera de límite". Y el también republicano Mike Simpson, de Idaho, señaló que los comentarios de Trump eran "estúpidos, irresponsables y pueriles". Simpson agregó que Trump estaba destruyendo el liderazgo de los Estados Unidos en el mundo.

Trump, al parecer, olvidó que su país se hizo grande precisamente sobre los hombros de trabajadores de los países a los que él ha rechazado. Muchos de esos trabajadores vinieron como esclavos, o laboraron en condiciones de explotación en un intento heroico por salir adelante y, de paso, echaron las bases de una nación grandiosa. Los de hoy también dan un aporte valioso a la economía nacional y enriquecen su cultura.

Chelsea Clinton, la hija del ex presidente Bill Clinton y de la ex secretaria de Estado Hillary Clinton, expresó en Twitter que inmigrantes de El Salvador, Haití y países africanos probablemente ayudaron a construir los edificios de Trump. "Ciertamente ayudaron a construir nuestro país", dijo Chelsea.

Al mismo tiempo, la injerencia de los Estados Unidos en países como El Salvador –que fue un campo de batalla durante la Guerra Fría contra la Unión Soviética y pagó un alto precio en vidas humanas y trastornos sociales– no está exenta de responsabilidad. El imperio no puede pretender que sus acciones no tengan un efecto; en este caso, la inmigración en busca de oportunidades que en los países devastados por los conflictos son muy escasas. Muchos norteamericanos lo saben y por eso desean tender una mano generosa de ayuda a la gente afectada.

La acogida a los inmigrantes está entre las tradiciones más admirables de la sociedad estadounidense; es en realidad el fundamento de la nación.

Pero Trump parecía ignorarlo, y al rechazar a unos inmigrantes por su origen nacional –tal vez para preservar en los Estados Unidos una pureza racial que se diluye en el mestizaje del cambio demográfico– causó un escándalo ante el cual su propia gente le dio la espalda. Trump era un elefante en la cristalería diplomática. Y sus palabras y sus acciones eran una peligrosa y detestable invitación al racismo.

El presupuesto de Trump no hará a América 'grande de nuevo'

Como era de esperar, el presupuesto que el presidente Donald Trump presentó al Congreso el lunes 12 de febrero de 2018 contenía fuertes recortes a los programas sociales.mAl mismo tiempo, Trump quería disparar el gasto de las fuerzas armadas a más de 680.000 millones de dólares. Propuso un plan de reparación y modernización de infraestructura –carreteras, puentes, etc.– que consumiría $200.000 millones en diez años. Y destinó $23.000 millones a contener la inmigración, incluido el famoso y anacrónico muro en la frontera con México que se empeñaba en construir.

¿Recuerdan cómo los conservadores lanzaban furibundas críticas contra el presidente Barack Obama cuando no lograba controlar el déficit? Pues el presupuesto de Trump aumentó el déficit del gobierno hasta casi un billón. ¿Qué les pasó a los republicanos que cuando Obama estaba en la Casa Blanca no podían conciliar el sueño pensando en el gasto gubernamental, y después, bajo el gobierno de Trump, les importaba un pepino que el nuevo mandatario derrochara miles de millones y disparara la deuda nacional? Deberían haber explicado las razones de ese cambio de actitud, cuál era la razón –que nunca dijeron– por la que censuraban a Obama cuando excedía el presupuesto en un puñado de dólares, mientras luego ni siquiera señalaban que Trump estaba endeudando el gobierno a un nivel sin precedentes. ¿A alguien se le ocurre cuál puede ser esa razón?

El presupuesto presentado el 12 de febrero fue la última evidencia del plan de gobierno de Trump, un esquema para favorecer a los ricos, a la clase minoritaria a la que pertenece, y contentar a la mayoría con migajas y promesas demagógicas.

En diciembre de 2017, Trump implementó una rebaja de impuestos de $1.5 billones que benefició sobre todo a las empresas y a los acaudalados, mientras concedía una pequeña reducción en los tributos que paga la clase trabajadora. Ojo: el recorte fiscal para los adinerados y las corporaciones era permanente, pero la rebaja para el resto de la población solo duraría unos años. Y todavía muchos que no pertenecen a la clase rica saltaron de alegría.

Esa receta fiscal que Trump implementó con tanta confianza no era nueva, y su ineficacia estaba probada. El presidente Ronald Reagan puso en marcha el concepto neoliberal del *trickle-down economy*, que consistía en favorecer financieramente a los ricos y a las empresas con la idea de que algo caerá desde las alturas como un maná sobre la clase trabajadora. Pero la política económica de Reagan resultó ser un fracaso: los acaudalados incrementaron sus cuentas de banco mientras los trabajadores aumentaban la deuda en sus tarjetas de crédito. A la larga, las políticas neoliberales que comenzaron en la era de Reagan y se mantuvieron durante las presidencias de Bill Clinton y los dos Bush, padre e hijo, condujeron a la crisis económica de principios de este siglo, que Obama a duras penas consiguió aliviar.

No había nada que permitiera afirmar que el plan económico de Trump –un *remake* de una política fracasada– generara una bonanza duradera: la historia reciente demostraba lo contrario. La euforia de sus seguidores ante un alza sostenida de la bolsa de valores se deshizo como una pompa de jabón con la estrepitosa caída del Promedio Industrial Dow Jones a principios de febrero de 2018. Y en el horizonte aparecían más trastornos en la economía, al aumentar el costo de la vida mientras los salarios –aunque Trump afirmara otra cosa en su discurso del Estado de la Unión del 30 de enero– solo subían muy tímidamente, menos que cuando Obama era presidente.

Pero la base de apoyo de Trump se negaba a ver objetivamente la realidad. Trump era un multimillonario que llegó a la presidencia para favorecer a su clase y deshacer los avances sociales que había logrado su antecesor, el primer presidente negro en la historia de una nación desgarrada por el racismo. Ese era el plan detrás del lema populista de "hacer a América grande de nuevo", como si los Estados Unidos hubieran perdido su grandeza con Obama, un mestizo, en la Casa Blanca. El proyecto de Trump –con su desenfrenado gasto militar para imponer una nueva versión de la diplomacia de las cañoneras, su cuantiosa asignación para que no entraran más inmigrantes hispanos mientras el presidente quería inmigrantes de la blanca Noruega, y su reforma fiscal para beneficiar sobre todo a los ricos– pretendía imponer un modelo de grandeza solo para unos cuantos, mientras sumía a la mayoría en la incertidumbre y la desesperanza.

Fiesta en casa de Trump, feria de armas en Miami y matanza

Varios medios de prensa estadounidenses informaron que el presidente Donald Trump estuvo presente el viernes 16 de febrero de 2018 en una fiesta de música disco en su residencia de Mar-a-Lago, en el condado floridano de West Palm Beach.

El jolgorio inspirado en Studio 54 tuvo lugar por la noche, poco después que el presidente y su esposa, Melania, visitaran la oficina del sheriff del condado de Broward, tras la masacre el 14 de febrero en la escuela secundaria Marjory Stoneman Douglas, en Parkland, una localidad de ese condado del Sur de la Florida. A solo dos días de una matanza espantosa en la cual perecieron 17 estudiantes y maestros a manos de un trastornado sujeto de 19 años armado con un fusil AR-15, el presidente debió haber suspendido la fiesta en una muestra de solidaridad con los dolientes y de luto por las víctimas de la masacre.

También se debió haber suspendido la feria de armas que se llevó a cabo en Miami tres días después del triste suceso en Parkland. En la feria, celebrada en el Centro de Ferias y Exposiciones del Condado de Miami-Dade, aparte de venderse armas para que la gente se siga matando, se dieron clases de manejo de ametralladoras. También se ofrecieron membresías en la Asociación Nacional del Rifle, la organización que dona cuantiosos fondos a campañas de políticos, sobre todo republicanos, para que el negocio de la muerte siga floreciendo en los Estados Unidos.

La frontera prohibida de Donald Trump

En su batalla incesante contra la inmigración latinoamericana y contra México, el presidente Donald Trump decidió a principios de abril de 2018 enviar entre 2.000 y 4.000 efectivos de la Guardia Nacional a la frontera con el vecino del sur.

La alarma del mandatario se disparó cuando se enteró de que una caravana de inmigrantes –en su mayoría procedente de Honduras– cruzaba México rumbo a los Estados Unidos.

En realidad, se trataba de una marcha conocida como el Viacrucis del Migrante que se realiza cada año desde 2010 con el propósito de dar a conocer las tribulaciones que sufren los inmigrantes en su ruta hacia el norte. Ese año la mayor parte venía huyendo de la miseria y la inseguridad ciudadana en Honduras, males agravados desde el golpe de Estado que los militares le dieron al presidente Manuel Zelaya el 28 de junio de 2009 para imponer un gobierno de derecha.

A pesar de los numerosos problemas económicos de Honduras, el gobierno de Zelaya tuvo grandes logros sociales, como dar educación gratis a todos los niños, reducir las tasas de interés bancarias, aumentar el salario mínimo en el 80 por ciento, dar comidas gratis en las escuelas a más de 1.6 millones de niños de familias pobres, integrar a los empleados domésticos al sistema de seguridad social y ayudar a unas 200.000 familias que vivían en condiciones de pobreza extrema, a la vez que suministraba electricidad gratis a los más necesitados. Una serie de mejoras sociales que a la derecha hondureña le resultaba intolerable.

Los gobiernos que siguieron al de Zelaya revirtieron sus conquistas sociales. La pobreza no se redujo, y en 2018 afectaba al 61 por ciento de los 9 millones de hondureños. La desigualdad es enorme, y las angustiosas condiciones de vida empujan a muchos a emigrar. La reelección del presidente derechista Juan Orlando Hernández –una reelección controvertida sobre la que llovieron acusaciones de fraude electoral– causó un estallido de protestas y la consiguiente represión policial. Honduras es un hervidero de problemas sociales.

La historia de las intervenciones norteamericanas en Centroamérica, casi siempre para instalar o apoyar gobiernos que no eran progresistas, es larga y conocida. Pero al presidente Trump la historia lo tenía sin cuidado. Washington podría pagar su deuda con las naciones del istmo tendiéndoles una mano para favorecer su desarrollo económico y poner coto a la violencia, una forma segura de reducir la emigración. En vez de eso, Trump decidió militarizar la frontera con México, alarmado ante el peligrosísimo avance de mujeres con niños y de jóvenes en busca de trabajo para ayudar a sus familias.

En realidad, la caravana, según dijo la entidad Pueblo Sin Fronteras, que coordina las marchas de inmigrantes, se desorganizó en México y muy pocos prosiguieron la marcha hacia el norte. Pero el daño ya estaba hecho. Los gobernadores republicanos de Texas, Arizona y Nuevo México anunciaron el 9 de abril que enviarían 1.600 miembros de la Guardia Nacional a la frontera, hasta que se construyera el muro anhelado por Trump que separaría a los Estados Unidos de América Latina.

La base de apoyo nacionalista y racista del mandatario se sintió complacida por la decisión de su jefe de movilizar a las tropas para cerrar la entrada a los pobres del sur, mientras los acaudalados lavadores de dinero entraban por los aeropuertos y compraban propiedades de lujo, pagadas en efectivo, en Miami y en Manhattan. La frontera con México seguía siendo, como dijo el escritor mexicano Carlos Fuentes, "una cicatriz", la cicatriz de una herida que tarda en cerrar.

Racismo en la frontera

Hablar varios idiomas siempre se ha considerado útil y deseable. Pero a algunos individuos los dominan los prejuicios cuando oyen a alguien hablando en otro idioma. Y esos prejuicios pueden ser peligrosos.

Sucedió en Montana, en un pueblo pequeño llamado Havre, cerca de la frontera con Canadá, el 16 de mayo de 2018. Dos amigas, Ana Suda y Mimi Hernández, habían ido tarde en la noche a un establecimiento a comprar leche y huevos. Estaban hablando en español en la fila para pagar, cuando un agente de la Patrulla Fronteriza se les aproximó y les pidió documentos de identificación. El uniformado interrogó a las mujeres durante 35 o 40 minutos, mientras los clientes observaban con curiosidad, tratando de saber qué estaba pasando.

"Señora, la razón por la que le pedí la identificación es porque entré y vi que ustedes estaban hablando en español, un idioma que no se oye mucho por aquí", dijo el agente. Suda grabó un video de la conversación en su teléfono celular.

El celoso agente de la ley y el orden seguramente pensó que estaba atrapando a dos inmigrantes indocumentadas en ese rincón del país. Pero resulta que Suda y Hernández son de ascendencia mexicana, pero nacidas en los Estados Unidos.

Suda nació en El Paso, Texas, y se crió en Ciudad Juárez, al otro lado de la frontera, y luego ha vivido siempre en los Estados Unidos. Y Hernández es oriunda de la región central de California.

El agente de la Patrulla Fronteriza hostigó a dos ciudadanas estadounidenses de nacimiento sencillamente porque estaban hablando español en vez de inglés. Las dos amigas hablan perfectamente ambos idiomas.

Es irónico que el agente dijera que el español es un idioma que se habla poco en esa región, cuando el nombre del estado, Montana, proviene precisamente de una palabra española, montaña.

Los agentes de la Patrulla Fronteriza tienen autoridad para operar a 100 millas de cualquier frontera estadounidense, pero no pueden detener a nadie sin una sospecha razonable de que se esté cometiendo una infracción de las leyes de inmigración o un delito.

La histeria que el presidente Trump creó en torno a una supuesta invasión de inmigrantes (una invasión totalmente falsa) tuvo consecuencias muy nocivas. La demagogia nacionalista que caracterizó al gobierno de Trump fomentó actitudes arbitrarias en personas encargadas de velar por el cumplimiento de la ley. Ocurrió en un pueblo pequeño de Montana, pero también podía pasar –y de hecho pasó– en grandes ciudades y en aeropuertos internacionales.

La retórica inflamada de Trump contra los inmigrantes se nutría del racismo y estaba dirigida especialmente hacia los inmigrantes del sur, de América Latina. Era un discurso chovinista pronunciado para complacer a una base ignorante y fanática de seguidores que creían amenazado su modo de vida por la convivencia con otras etnias, con otras culturas. Era a la vez un discurso muy peligroso, que alentaba la hostilidad y la discriminación, incluso contra personas nacidas en los Estados Unidos, como Ana Suda y Mimi Hernández, hostigadas por un agente prejuiciado que no merecía estar en ese puesto.

Abuso en la frontera: la tragedia de los niños separados de sus padres

En su campaña racista contra los inmigrantes latinoamericanos, el gobierno de Donald Trump ordenó el lunes 11 de junio de 2018 negar asilo en la frontera sur a los refugiados que venían huyendo del pandillerismo en América Central.

Trump decidió cerrar las puertas a los inmigrantes que se presentaran ante las autoridades norteamericanas en la frontera con México en busca de asilo. Ni siquiera se escucharía a los que escapaban de la violencia delincuencial que plagaba a Honduras, Guatemala y El Salvador, y después también a Nicaragua.

Trump y sus funcionarios difundieron la falacia de la caravana de migrantes que se acercaba a los Estados Unidos, como si fuera la invasión de un ejército enemigo. No había ninguna invasión, y la caravana (un vía crucis del migrante que se realiza todos los años en México) prácticamente se disolvió antes de llegar al río Grande. Cierto: seguían llegando inmigrantes a la frontera, pero en número mucho menor que en el pasado. Y además, no era un esfuerzo concertado, ni un plan contra los Estados Unidos: eran hombres, mujeres y niños que huían de las pandillas criminales que se han adueñado de gran parte de Centroamérica. Era un éxodo desesperado de gentes que huían de un infierno, en cuya creación las políticas injerencistas de Washington han tenido mucho que ver.

Bajo la dirección de Jeff Sessions, secretario de Justicia en ese entonces, las autoridades de inmigración, convertidas en una especie de Gestapo, estuvieron separando a los niños de sus padres cuando cruzaban la frontera.

Sessions formuló su amenaza en mayo de 2018, cuando dijo en un discurso en San Diego, parado cerca de la valla que separa a California de México: "He implementado una política de 'cero tolerancia' con la entrada ilegal en nuestra frontera del Suroeste. Si usted cruza esa frontera ilegalmente, lo enjuiciaremos… Si está entrando un niño de contrabando, entonces lo enjuiciaremos a usted y ese niño será separado de usted, como lo requiere la ley". Los agentes de inmigración del campeón mundial de la democracia estuvieron arrebatando a los niños de los brazos de sus padres. ¿Adónde los llevaron? Todavía no se sabe con certeza. A centros de detención privados, improvisados en viejos almacenes. O a hogares adoptivos en distintos lugares del país. Hay que recalcar lo de los centros de detención "privados" para que se observe que detrás de esta política criminal estaba el afán de lucro, el negocio siempre presente, la ganancia monetaria de unos cuantos que se benefician del dolor ajeno con la complicidad del gobierno. Siempre la ambición financiera dictando las políticas de Washington. "Si la gente no quiere que los separen de sus hijos, que no los traigan", dijo Sessions. ¿Qué quería el secretario de Justicia? ¿Que se quedaran en sus países, a merced de las maras, que controlaban Honduras desde el golpe de Estado que la derecha le dio al presidente izquierdista Manuel Zelaya en 2009?

Los Estados Unidos son el único país del mundo que no ha ratificado la Convención de las Naciones Unidas sobre los Derechos del Niño. Pero Ramina Shamdasani, portavoz de la Oficina del Alto Comisionado de las Naciones Unidas para los Derechos Humanos, dijo que "los niños nunca deberían ser detenidos debido a razones vinculadas a su situación migratoria o a la de sus padres".

La actriz Alyssa Milano, una de las campeonas del movimiento #MeToo contra el abuso sexual, expresó que la política de separar a los niños de sus padres "no solo es antinorteamericana, sino inhumana". Millones de personas en la nación pensaban lo mismo, pero el gobierno de Trump se mostró sordo a sus reclamos y mantuvo su salvaje contra las familias inmigrantes para complacer a una base de apoyo fanática, reaccionaria, racista y despiadada.

Al separar a las familias en la frontera, el gobierno norteamericano violó los derechos humanos de personas que debería haber considerado refugiados, ya que huían de la violencia y la muerte en Centroamérica. Lo ilegal no era la inmigración, como pensaban Trump y sus lacayos. Lo ilegal era la política de separar a los niños de sus padres. Los extremistas de derecha que Trump puso en el gobierno arrastraban a la nación hacia un abismo de injusticia que nada bueno podía ofrecer.

Yeni, la odisea de una madre inmigrante

En el marco de la represión contra los inmigrantes ordenada por el gobierno de Trump en 2018, una inmigrante guatemalteca protagonizó un episodio conmovedor en la enorme tragedia humana de la frontera del río Grande. Un drama que puso de relieve la humanidad frente a la crueldad, la solidaridad frente al racismo.

El 21 de mayo de 2018, Yeni Maricela González García fue arrestada junto con sus tres hijos tras cruzar la frontera ilegalmente, en busca de asilo. Venía huyendo de la violencia de las pandillas en Guatemala, donde los delincuentes querían reclutar a su hijo mayor, de solo 11 años.

Yeni quedó arrestada en Arizona, mientras las autoridades le quitaban a sus hijos y los enviaban al Centro Cayuga, en Nueva York, bajo la política de tolerancia cero con la inmigración que el presidente Trump implementó. Más tarde, ante el clamor de las protestas, el mandatario suspendió las separaciones y ordenó arrestar a las familias juntas. Pero cientos de niños quedaron separados de sus padres. Estas separaciones de familias revelaron los males que la política de Trump saca a flote: el racismo, la crueldad, la insolidaridad con los necesitados.

Pero muchos norteamericanos que no comparten esa actitud inhumana pusieron en alto el nombre de la nación. Cuando varias personas en Nueva York se enteraron de la historia de Yeni, decidieron que había que hacer algo. Inmediatamente se formó un grupo, Immigrant Families Together (Familias

Inmigrantes Juntas) para ayudar a la madre guatemalteca. Hicieron un *crowdfunding*, una colecta en Internet, con la que recaudaron los $7.500 necesarios para pagar la fianza, y organizaron una red de voluntarios para llevar a Yeni desde Arizona hasta Nueva York en automóvil, en un viaje de más de 3.000 kilómetros. En el esfuerzo participaron nueve conductores que transportaron a Yeni en distintas etapas de la travesía y un total de 20 personas. Varias familias le dieron albergue en el camino hacia Nueva York. Por fin, el 3 de julio, Yeni pudo reunirse con sus hijos. Las autoridades no los soltaron para que se fueran con ella, pero familiares de Yeni que vivían en Carolina del Norte iban a reclamarlos para que los dejaran libres.

Meghan Finn, del grupo Immigrants Families Together, que ayudó a Yeni en su odisea para reunirse con sus hijos, expresó que hay suficientes norteamericanos que se preocupan y que "debemos ser capaces de arreglar esto, y lo vamos a arreglar".

El congresista Adriano Espaillat, demócrata por Nueva York, que acompañó a Yeni a ver a sus hijos, dijo: "El trabajo que ella hizo para conectar vehículos a vehículos y traerla aquí a la ciudad de Nueva York sin sufrir daño está en la gran tradición del Ferrocarril Subterráneo". El Ferrocarril Subterráneo (*Underground Railroad* en inglés) fue la red clandestina organizada en el siglo XIX en los Estados Unidos para ayudar a los esclavos a escapar a los estados donde no había esclavitud o a Canadá, que había abolido la servidumbre forzada.

"Ha sido lo más triste que me ha pasado en la vida –dijo Yeni en Nueva York, después de ver a sus hijos–, que me separaran de mis niños el 21 de mayo. Desde ese tiempo ya no los había visto".

Con lágrimas en los ojos, en el acto de apoyo organizado después que vio a sus hijos, Yeni habló del sufrimiento en la cárcel de Eloy, Arizona, donde otras 400 personas compartieron sus tristezas, abrazó a varios niños y agradeció a los voluntarios todo el apoyo que le prestaron. Janey Pearl Starks, que llevó a

Yeni los primeros 650 kilómetros del viaje desde Arizona, tomó después un avión para estar a su lado en Nueva York, acompañándola a ver a sus hijos y traduciendo sus palabras al inglés en el acto público de bienvenida.

Meghan Finn comentó: "He tenido la oportunidad en los últimos cuatro días de ver lo mejor de la humanidad en mi país… Este es un momento de acción". El grupo siguió recaudando fondos y organizando acciones para sacar a más madres inmigrantes de la cárcel y reunirlas con sus hijos. Estos voluntarios representan lo mejor de los Estados Unidos, la tradición de solidaridad con el que sufre y necesita un refugio, grabada en bronce en la Estatua de la Libertad.

El 13 de julio de ese año, gracias al tesón y al amor de la madre guatemalteca y a la solidaridad de muchas personas que la apoyaron, Yeni recibió la custodia de sus hijos. La familia se marchó a Carolina del Norte, con sus parientes en ese estado. Bien por ellos, bien por los voluntarios que los ayudaron, bien por Janey Pearl Starks, que llevó a Yeni hasta Nueva York y le sirvió de traductora, bien por la gente de la grandiosa ciudad de Nueva York que les dio su apoyo, bien por el abogado de oficio José Xavier Orochena, que la representó en la batalla legal, bien por el gobernador del estado, Andrew Cuomo, que la respaldó para que se reuniera con sus hijos. "Estoy en deuda eterna con el gobernador Cuomo por reunirme con mis hijos y poner fin a esta pesadilla para mi familia", dijo Yeni. "Su valentía y perseverancia ante la cruel política del gobierno federal es una inspiración para todos nosotros –dijo Cuomo–. En Nueva York nunca dejaremos de pelear por el derecho de las familias inmigrantes".

Las cadenas de la inmigración

Los padres de Melania Trump, la esposa del entonces presidente, nacida en Eslovenia, adquirieron la ciudadanía estadounidense en agosto de 2018.

Al parecer, el trámite fue el mismo que han hecho numerosas familias en la historia de la inmigración a los Estados Unidos: Melania adquirió la residencia permanente, después la ciudadanía, y reclamó a sus padres.

Es un caso humano –y habitual– de reunificación familiar. Pero la reunificación familiar era precisamente el tipo de inmigración que Trump criticó duramente y quería suprimir. Trump la llamaba "migración en cadena" (*chain migration*) y dijo que se debía restringir la entrada de familiares de ciudadanos norteamericanos y sustituirla por la admisión de inmigrantes que pudieran dar un aporte sustancial a la sociedad, como profesionales e inversionistas. A este último tipo de inmigración Trump la llamaba "inmigración basada en el mérito".

La historia de la inmigración en los Estados Unidos es en gran medida una saga de personas que vinieron huyendo de guerras y de crisis, o en busca de las oportunidades que en su tierra no tenían, se asentaron y muchos trajeron a sus familiares. Trump quería detener ese ciclo que forma parte de la historia nacional, complaciendo a un sector de sus seguidores que es profundamente nacionalista y racista. Trump, como sus partidarios, quería levantar un muro en la frontera con México y negar la entrada a los inmigrantes hispanos que vienen en busca de trabajo, acusándolos falsamente de criminales.

Trump usó la inmigración como una cortina de humo para ocultar males de la nación que sí requerían una acción urgente del gobierno: el alto y creciente costo de la atención médica y de la educación universitaria; la precariedad laboral; la insuficiencia de los salarios de muchos norteamericanos para cubrir el costo de la vida; la desigualdad social en aumento y la concentración de la riqueza en pocas manos; el consumo de drogas, que ha convertido a los Estados Unidos en el mayor mercado de narcóticos del mundo; las matanzas con armas de fuego que ocurren con una frecuencia espantosa e inadmisible. Esos son los males que Trump, como presidente, debió haber combatido. Pero no lo hizo, porque la solución real de esos problemas iría en contra de su ideología y de la ideología del Partido Republicano al que pertenece, siempre decidido a favorecer a los ricos a expensas del resto de la sociedad. Ni el partido ni el mandatario estaban dispuestos, por ejemplo, a lograr que la educación superior y la atención médica fueran gratuitas, pagadas por los impuestos, un objetivo que muchos norteamericanos desean pero que la clase dirigente les niega constantemente.

Tampoco estaban dispuestos a reducir las matanzas indiscriminadas de la única manera efectiva: controlando la venta y la posesión de las armas de fuego, derogando una Segunda Enmienda constitucional obsoleta y mal interpretada, y cerrando las puertas del Congreso a la influencia de la Asociación Nacional del Rifle, la división de propaganda de los vendedores de armas.

En vez de tomar las medidas que la situación en Norteamérica exige, Trump y sus seguidores convirtieron a la inmigración en el chivo expiatorio. Eso sí: los inmigrantes a los que deseaban negar la entrada y a los que acusaban de criminales y, en el mejor de los casos, de parásitos en busca de prestaciones sociales, eran los del sur, la gente humilde que llega por la frontera del río Grande, no los multimillonarios que arriban en avión a comprar propiedades de lujo en Miami y en Manhattan, y cuyas riquezas son a veces mal habidas. Esos no le importaban a Trump, ni a su secretario de Justicia, Jeff Sessions, ni a los millones de racistas que apoyaban y aplaudían las políticas discriminatorias de la Casa Blanca. La norma de tolerancia cero –que despiadadamente separó en la frontera a miles de niños de sus padres inmigrantes– estaba dirigida contra los pobres.

El poema *El nuevo coloso*, de Emma Lazarus, grabado en una placa de bronce colocada en la Estatua de la Libertad, ha sido desde fines del siglo XIX un símbolo de la nación generosa que abre sus puertas a los angustiados y los perseguidos: *"Dadme a vuestros rendidos, a vuestros pobres, vuestras masas hacinadas anhelando respirar en libertad"*, pide el poema.

Pero la actitud antiinmigrante de Trump y los suyos contradecía el mensaje solidario de Lazarus y echaba por tierra la arraigada imagen de los Estados Unidos como un faro de esperanza. Trump y sus seguidores querían convertir a la nación en otro país, irreconocible y egoísta, y solo les faltó quitar la placa de la Estatua de la Libertad.

El Grinch que les robó la fiesta a los conservadores

Fiel a su papel del rebelde Grinch, el célebre actor canadiense Jim Carrey causó en septiembre de 2018 un revuelo al abogar por el socialismo en un show de televisión.

El viernes 7 de septiembre, Carrey participó como invitado en el programa *Real Time* de HBO, con Bill Maher, donde exhortó a los demócratas a "decir sí al socialismo" y "dejar de pedir disculpas".

"Me crié en Canadá –dijo–, donde tenemos medicina socializada. Y estoy aquí para decirles que la mentira que escuchan en todos los programas políticos es que es un fracaso, que el sistema es un fracaso en Canadá. No es un fracaso en Canadá. Nunca tuve que esperar por nada en mi vida. Escogí a mis médicos. Mi madre nunca pagó por una receta. Era fantástico".

La reacción de los promotores del capitalismo no se hizo esperar. Comentaristas de medios de derecha como Fox News la emprendieron contra Carrey y el socialismo, enarbolando el ejemplo manido de Venezuela y su crisis económica. La columnista conservadora Michelle Malkin dijo que Carrey debería irse a vivir a Caracas. El actor Kevin Sorbo, que hace años interpretó a Hércules en la pantalla chica, arremetió contra su colega canadiense en Facebook, diciendo que "el socialismo no creó a Hollywood. Fue el capitalismo. Carrey podrá ser canadiense, pero ¿dónde buscó el éxito? Ah, en los Estados

Unidos". Y luego agregó: "Por cada estadounidense que se muda a Canadá, 20 canadienses se mudan a los Estados Unidos. ¿Por qué será?"

Este Hércules puede haber matado al león de Nemea y al toro de Creta, pero en el campo de las estadísticas no ganaría la batalla. La población canadiense en los Estados Unidos no supera 20 veces a la población estadounidense en Canadá, sino tres veces.

Muchos canadienses cruzan la frontera al conseguir un trabajo en la dinámica economía de su gigantesco vecino del sur. Pero ese enorme motor económico no funciona bien para todos los estadounidenses. Alrededor del 40 por ciento de los norteamericanos tiene problemas para llegar a fin de mes, aunque Donald Trump afirmaba que la economía estaba en auge durante su presidencia. Y unos 42 millones, entre ellos 13 millones de niños, sufren inseguridad alimentaria, es decir, que no siempre saben si podrán comer cuando tengan hambre.

Trump afirmó que su gobierno estaría comprometido con los hombres y mujeres olvidados del país, pero su política económica se concentró en enriquecer aún más a las grandes empresas y a los acaudalados. La reacción de la oposición ante el gobierno para los ricos que dirigió Trump fue un giro a la izquierda. En el Partido Demócrata, políticos tradicionales de centro se vieron desplazados por nuevas figuras que demostraban una marcada preocupación social, como Alexandria Ocasio-Cortez en Nueva York y Andrew Gillum, alcalde de Tallahassee, en la Florida.

El triunfo vertiginoso de estos políticos de nuevo corte frente a rivales del *establishment* no fue casual. Muchos norteamericanos ya no creían en los cantos de sirena de los propagandistas conservadores y pedían cambios. Sobre todo los jóvenes, que no están contaminados con la pasada retórica de la Guerra Fría y desean un remedio radical a problemas graves como la costosa atención médica y el impagable precio de las matrículas universitarias.

Entretanto, viendo su hegemonía en peligro, la derecha la emprendió contra los partidarios del cambio. Mike Huckabee, ex gobernador republicano de Arkansas, dijo que suponía que Carrey, al abogar por el socialismo, estaba interpretando a Dumb y a Dumber, en alusión a una famosa película protagonizada por el actor canadiense. Pero al dar voz a las inquietudes y los deseos de muchos norteamericanos, Carrey no era en realidad Tonto y Más Tonto, sino un Grinch que podría robarles la fiesta a los conservadores.

La precipitada confirmación del juez Kavanaugh

Indignación fue la palabra que usó la escritora Diana Pardo en Twitter para describir el estado de ánimo de muchas mujeres (y de no pocos hombres) tras la confirmación del juez Brett Kavanaugh como juez del Tribunal Supremo en octubre de 2018. Como dijo el diario español *La Vanguardia*, no hubo "sorpresas de última hora": el 6 de octubre, el Senado votó a favor de Kavanaugh, el nominado por el presidente Donald Trump, para ocupar la vacante en la alta corte que había dejado la jubilación ese verano del magistrado Anthony Kennedy. Cierto: la votación fue muy reñida: 50 votos a favor y 48 en contra. Pero suficiente para nombrar al más alto tribunal de la nación a un hombre acusado de abuso sexual por tres mujeres, que era al mismo tiempo un conservador de ideas reaccionarias, a la medida de su padrino Trump.

Los republicanos estaban empeñados en confirmar a Kavanaugh para inclinar la balanza de la Corte Suprema hacia la derecha. El voto de Kavanaugh sería decisivo en el debate sobre la ley Roe vs. Wade, que dio a las mujeres el derecho al aborto. Kavanaugh está fuertemente vinculado a la derecha y a las posiciones de su patrocinador, Trump. Y aunque es católico, y por lo tanto debe seguir el mandamiento bíblico de "no matarás", es un firme defensor del supuesto derecho otorgado por la Segunda Enmienda a la tenencia individual de armas. En cuántas paradojas se debate el alma nacional.

Todo estaba previsto, pero inesperadamente, la confirmación de Kavanaugh sufrió un duro revés cuando la profesora de Psicología Christine Blasey Ford declaró ante el Senado que el nominado había tratado de violarla en una fiesta de estudiantes en 1982. Otras dos mujeres también acusaron a Kavanaugh de agresión sexual: Deborah Ramírez y Julie Swetnick. Esta última aseguró que Kavanaugh había estado presente en violaciones de muchachas por grupos de varones, de violaciones en pandilla.

La rápida investigación que el FBI llevó a cabo sobre las denuncias fue un trámite formal para salir del paso, una burla al público norteamericano en general y a las mujeres víctimas de la prepotencia masculina en particular. Una burla, sobre todo en una época en que muchas mujeres se han unido al movimiento #MeToo para sacar a la luz agresiones y chantajes sexuales y evitar que vuelvan a suceder. Las acusaciones de Ford, Ramírez y Swetnick merecían una pesquisa seria y exhaustiva. Lamentablemente, no fue así.

Ford dijo ante el Senado que recordaba perfectamente los hechos, que estaba 100 por ciento segura de que Kavanaugh la había agredido sexualmente, junto con otro individuo. Dijo que su recuerdo más vívido del ultraje era "las carcajadas de los dos divirtiéndose a costa mía". Aunque expresó que estaba aterrada (de hecho, recibió amenazas de muerte), manifestó ante el Senado: "Estoy aquí porque creo que es mi deber ciudadano relatarles lo que ocurrió".

El resultado de la prueba con el detector de mentiras a que Ford se sometió indicó que no mintió al denunciar el episodio de agresión sexual a manos de Kavanaugh. Entonces, ¿por qué la prisa de los republicanos por confirmar al nominado de Trump? ¿Por qué hubo tanta precipitación en la investigación (hay que llamarla de alguna manera) del FBI y la juramentación de Kavanaugh para que entrara en funciones enseguida?

Simplemente, porque deseaban implantar en el Tribunal Supremo la hegemonía del pensamiento de derecha y mantenerla por muchos años.

Los republicanos del Senado debieron por lo menos haber aplazado la confirmación hasta que se determinara con más claridad si Kavanaugh era culpable o no, como pidieron los demócratas. Era lo menos que le debían a una mujer que, según todo indica, dijo la verdad. Pero en su afán por convertir al Tribunal Supremo en asiento de ideas reaccionarias, se apresuraron a confirmar al juez acusado. Y lo lograron. "¡Muy emocionante!", fue el veredicto del complacido presidente Trump en Twitter, mientras la nación daba otro vergonzoso y nocivo paso atrás en la batalla por la igualdad y la justicia.

Doce años para salvar al mundo

El Panel Intergubernamental sobre el Cambio Climático de las Naciones Unidas emitió el 8 de octubre de 2018 un informe alarmante: la temperatura del planeta llegará en 2030 al pronosticado y temido umbral de 1,5 grados centígrados por encima de los niveles preindustriales.

Alcanzar ese nivel de calentamiento causaría un colapso climático, con huracanes más frecuentes y poderosos, inundaciones, subida del nivel del mar, sequías muy intensas, incendios forestales y escasez de alimentos para cientos de millones de personas.

Un país insular, Kiribati, compuesto por 33 islas en el océano Pacífico, quedará bajo las aguas en las próximas décadas. Kiribati será la nueva Atlántida. Los más de 100.000 habitantes del archipiélago saben que en el futuro cercano deberán emigrar, mientras el mar engulle su nación. El gobierno tiene un plan de emigración masiva.

En el archipiélago de las islas Salomón, también en el Pacífico, cinco islas han desaparecido bajo las olas, y en otras, parte de la población ha tenido que trasladarse a zonas más altas, mientras el territorio sigue asediado por el mar creciente.

Los expertos han señalado que para 2050, mil millones de personas –la séptima parte de la población mundial– deberán abandonar sus hogares y desplazarse a otras tierras debido a los trastornos causados por el cambio climático. A la luz del informe del panel de la ONU, ¿se adelantará ese éxodo?

Más de la mitad de la población mundial vive en ciudades, gran parte de las cuales se alza cerca del mar. Muchas ciudades costeras –Nueva York, Shanghái, Río de Janeiro, Londres, las ciudades de la Costa del Sol en España, entre otras urbes– están directamente amenazadas por la subida del nivel del mar.

En Miami, donde escribo este libro, las inundaciones causadas por la marea alta han aumentado en frecuencia y en volumen en las dos décadas pasadas, convirtiendo calles de lugares turísticos como Miami Beach en ríos. El suministro de agua potable en toda el área urbana también está en peligro si el mar, al subir de nivel, invade el acuífero de Biscayne. Si la temperatura planetaria aumenta tres grados, una tercera parte de la Florida podría quedar inundada. En un giro irónico, la zona de la Florida amenazada por las aguas abarca a West Palm Beach, donde el ex presidente Donald Trump –un escéptico del cambio climático– tenía su residencia de Mar-a-Lago.

Los gobiernos deben hacer "cambios rápidos, de largo alcance y sin precedentes en todos los aspectos de la sociedad", dijo el informe del panel de la ONU, para evitar una catástrofe provocada por el calentamiento global.

Se ha calculado que para 2030, las emisiones de dióxido de carbono –uno de los mayores responsables del calentamiento global– tendrían que bajar a un 45% del nivel de 2010 y llegar a cero en 2050 para que el calentamiento no rebase los 1,5 grados centígrados. Aun con ese control en el aumento de la temperatura, habrá daños irreversibles, pero manejables y menos catastróficos.

Los Estados Unidos es el mayor contaminante del planeta junto con China. Pero el gobierno chino ha implementado medidas para contener la polución, mientras los Estados Unidos se retiraron del Protocolo de Kioto en 2001 –con lo cual liquidaron ese convenio– y después abandonaron el Acuerdo de París, bajo el gobierno de Trump.

Trump, que gobernó para las grandes empresas y para la clase acaudalada a la que pertenece, dijo una vez que el cambio climático era un invento de los chinos para rebajar la capacidad de competencia de la economía norteamericana. No solo se apresuró a sacar a la nación del Acuerdo de París, sino que dio marcha atrás irresponsablemente a las medidas tomadas por el presidente Barack Obama para combatir el cambio del clima, como la reducción de las emisiones de los vehículos. El 97 por ciento de los científicos del mundo asegura que el fenómeno climático se debe a la acción de los seres humanos, pero Trump se encogió de hombros y abogó por la revitalización de la industria del carbón, uno de los peores contaminantes. Trump y los fanáticos del mercado que lo aplaudían se burlaron del consenso científico, en una actitud irresponsable que pone en peligro a la humanidad.

El informe del panel de la ONU indicó que es técnicamente posible reducir las emisiones de gases de efecto invernadero a un nivel tolerable, pero para lograrlo se requieren grandes cambios en la producción y el uso de la energía, en la industria, en el transporte, en el diseño de las ciudades y en la manera en que la gente vive y consume. ¿Seremos capaces de aceptar e implementar los cambios, de modificar nuestro modo de vida? ¿Serán los gobiernos capaces de ignorar la presión de las grandes empresas contaminantes, tomar las medidas necesarias y poner en práctica planes y regulaciones imprescindibles? De la respuesta a esas preguntas depende que logremos salvar al planeta. Solo tenemos doce años para conseguirlo.

Represión en la frontera

El presidente Donald Trump lo había advertido. Los agentes y los militares apostados en la frontera con México cerraron el paso a los integrantes de la caravana de migrantes centroamericanos que el domingo 25 de noviembre de 2018 trataron de entrar en suelo estadounidense desde la ciudad mexicana de Tijuana. Y los agentes lo hicieron con violencia, lanzando gases lacrimógenos y disparando balas de goma contra los migrantes, hombres, mujeres y niños.

"Tratamos a estas personas –estos refugiados económicos– como si fueran zombis de *The Walking Dead*", dijo indignado el periodista Geraldo Rivera en Fox News, la estación favorita de la derecha norteamericana y de su máximo líder, Trump.

Desde que la caravana, integrada principalmente por inmigrantes de Honduras y El Salvador, comenzó su marcha hacia el norte, Trump había estado alertando contra una "invasión" del territorio nacional y presionó al gobierno de México para que detuviera la riada humana. Fiel a la retórica racista que usó desde su campaña a la presidencia, el mandatario siguió calificando de criminales a los fugitivos del desastre económico y social en países del sur. Y envió a miles de soldados a reforzar a la Guardia Fronteriza y no dejar entrar a ningún inmigrante.

Trump violó el derecho a la petición de asilo, un derecho que los gobiernos norteamericanos hasta entonces habían respetado. Militarizó la frontera con México y la respuesta violenta al intento de los migrantes de cruzar la valla fue un atropello y una vergüenza.

Como dijo Rivera refiriéndose a los inmigrantes: "Estas son personas desesperadas. Han caminado 2.000 millas. ¿Por qué? ¿Porque quieren violar a tu hija o robarte tu almuerzo? No. ¡Porque quieren un trabajo!"

La caravana de los migrantes fue una evidencia del fracaso de la imposición de políticas económicas neoliberales en

Centroamérica. Y una prueba del deterioro de las instituciones gubernamentales bajo el asedio de las pandillas, las temidas y poderosas maras que en Honduras constituían un gobierno paralelo que sometía a la población bajo un reino de terror.

Los migrantes huyen de la amenaza mortal de los pandilleros y de la desesperanza económica. Saben que en los Estados Unidos hay millones de empleos por llenar que esperan por ellos en la agricultura, en la construcción, en el sector gastronómico. No vienen a vivir de la ayuda federal, como afirmaba Trump y como creían muchos de sus despistados seguidores; los indocumentados no reciben ninguna ayuda del gobierno. Tampoco vienen a delinquir; de hecho, entre la población inmigrante la tasa de delitos es menor que en la población general. Pero el entonces inquilino de la Casa Blanca y sus cohortes operaban en una realidad alternativa, diseñada a la medida de sus intereses, sus prejuicios y sus fanatismos.

La caravana de los migrantes fue un episodio de una crisis en países centroamericanos a la que hay que buscar una solución humanitaria. Los fugitivos de la violencia en el istmo debían recibir ayuda y amparo, no el rechazo militar violento ordenado por Trump, que afeó la imagen de los Estados Unidos y estuvo en contra de las mejores tradiciones norteamericanas, de la propia esencia de esta nación de inmigrantes.

Una muerte imperdonable en la frontera

Una niña guatemalteca de siete años murió en diciembre de 2018 mientras estaba bajo custodia de la Patrulla Fronteriza de los Estados Unidos.

La niña había cruzado la frontera con su padre y un gran grupo de inmigrantes en una región apartada del desierto de Nuevo México. Los arrestaron en la noche del 6 de diciembre, cuando el grupo de más de 150 migrantes se entregó a las autoridades norteamericanas.

La menor había estado días sin ingerir alimentos ni beber agua. Más de ocho horas después del arresto, tuvo ataques de fiebre y la llevaron en un helicóptero a un hospital en la ciudad tejana de El Paso, donde no se recuperó de la deshidratación y de un ataque cardíaco y falleció. La Patrulla Fronteriza aseguró que sus agentes hicieron todo lo posible por salvar la vida de la niña. Pero la Unión Americana de Libertades Civiles (ACLU), una organización sin fines de lucro que defiende los derechos y libertades individuales garantizados por la Constitución, dijo que una "falta de rendición de cuentas y una cultura de crueldad en la Patrulla Fronteriza" tienen la culpa de la tragedia.

Si el gobierno de Donald Trump no hubiera desatado una histeria contra los migrantes procedentes de Centroamérica, los migrantes pobres que tratan de cruzar la frontera con México, posiblemente la niña estaría viva.

Las caravanas de migrantes que heroicamente cruzaron medio continente para chocar contra la valla fronteriza y contra el muro de intolerancia levantado por Trump venían de Estados fallidos. La mayoría procedía de Honduras, un país socavado por el crimen y la desesperanza económica desde el golpe de Estado contra el presidente Manuel Zelaya en 2009. Huían porque corrían un peligro mortal bajo la amenaza de las maras, las temibles pandillas que extorsionan, esclavizan y matan a los humildes si no se pliegan a sus designios. Otros venían de Guatemala y de El Salvador. Y qué curioso: no venían de Nicaragua, un país demonizado por la derecha regional y por el gobierno de los Estados Unidos, que en su afán por derrocar al presidente Daniel Ortega, electo democráticamente, aprobó medidas para estrangular económicamente a la nación centroamericana, porque no le perdona que haya progresado sin seguir el modelo que Washington quiere imponer en todas partes.

Los migrantes no eran criminales ni aprovechados que venían a los Estados Unidos a vivir de una supuesta ayuda estatal que en realidad no se les concede. Eran trabajadores que venían a llenar los puestos de trabajo que los norteamericanos no están interesados en ocupar. Eran gente desesperada que huía de la violencia y de la desesperanza en Centroamérica, una región devastada por las guerras civiles propiciadas por los Estados Unidos en su cruzada contra el comunismo, y azotada por las maras. Si el Congreso y la Casa Blanca hubieran reconocido esa verdad y, siguiendo las mejores tradiciones de la nación, hubieran abierto las puertas a los fugitivos del desastre, una niña no habría muerto en la frontera después de atravesar un calvario. Su tragedia es una afrenta contra nuestra humanidad, contra valores que decimos defender pero que, en realidad, ignoramos mientras la frontera es un testimonio de nuestra hipocresía, de nuestra insolidaridad.

El discurso de Trump: más de lo mismo, y un par de mentiras

El discurso que el presidente Donald Trump dirigió a la nación el martes 9 de enero de 2019 por la noche –el primero que pronunció desde la Oficina Oval de la Casa Blanca– fue más de lo mismo. Nada nuevo, y unas cuantas mentiras.

Trump dijo que en la frontera con México había una "crisis humanitaria" en aumento. Dijo que en los Estados Unidos se estaba agotando el espacio para recibir inmigrantes, y que la solución era construir el muro fronterizo que se convirtió en un ícono de su presidencia y de sus seguidores. Sin embargo, funcionarios, expertos y habitantes de zonas limítrofes opinaron que no había ninguna crisis. En el año fiscal 2018, la cantidad de arrestos en la frontera fue de 396.579, menos de la mitad del total de 2007. En general, la llegada de inmigrantes indocumentados ha estado disminuyendo en los últimos años.

¿De verdad creía Trump que el gigante norteamericano no podía acoger a unos pocos miles de inmigrantes acampados precariamente junto a la frontera? En 1980, unos 135.000 cubanos llegaron a la Florida en el éxodo marítimo del Mariel. Pese a que entre ellos venían unos 5.000 con antecedentes delictivos –enviados expresamente por el gobierno cubano– la Florida absorbió y asimiló rápidamente a ese grupo inmigrante.

Trump no titubeaba en tergiversar la realidad para ajustarla a su agenda. En el discurso del 9 de enero de 2019, volvió a calificar a los inmigrantes que llegaban por la frontera sur de violadores, asesinos y delincuentes. Su propósito era pintar una nación –los Estados Unidos– asediada por una marea humana de viciosos y criminales que quieren irrumpir en el país para sembrar el caos.

Nada más lejos de la realidad: en los barrios poblados por inmigrantes –incluidos los inmigrantes latinoamericanos a los que Trump no cesaba de insultar– el índice de delitos es menor que en otras zonas menos diversas.

En el caso de las drogas, es cierto –como dijo Trump en su discurso– que por la frontera sur entra una enorme cantidad de heroína. Pero al entonces presidente se le olvidó mencionar que la heroína no entraba por parajes apartados y desolados, sino por los puntos de control legales establecidos en las ciudades fronterizas.

Con tal de salirse con la suya y lograr que se construya el muro, Trump no dejaba que la realidad le estropeara un buen discurso.

Esa misma semana, poco después del discurso, Trump se reunió en la Casa Blanca con representantes demócratas para buscar una solución al cierre del gobierno federal, causado por su negativa a aprobar el presupuesto del gobierno si el Congreso no aceptaba la construcción del muro. Trump canceló la reunión abruptamente, furioso porque los demócratas no cedían a sus exigencias.

La presidenta de la Cámara de Representantes, Nancy Pelosi, demócrata por California, opinó que con el cierre del gobierno, Trump tenía al pueblo norteamericano como "rehén". Los demócratas también quieren seguridad en la frontera, afirmaron Pelosi y el líder de la minoría del Senado, Chuck Schumer, demócrata por Nueva York. Pero el muro es ineficaz, costoso e innecesario. Y Schumer expresó acertadamente una visión de la nación que muchos norteamericanos comparten: "el símbolo de los Estados Unidos debe ser la Estatua de la Libertad, no un muro de 10 metros".

Trump exhortó a saltar el muro en un discurso de 2004

En un discurso a estudiantes en 2004, Donald Trump los exhortó a saltar un muro.

Trump pronunció el discurso en el Wagner College, en Staten Island, Nueva York, al aceptar un título honorario de la institución. El que sería presidente unos años después aconsejó a los graduados que superaran cualquier muro que encontraran en su futuro.

"Para mí, la segunda cosa más importante después del amor es no rendirse nunca", expresó. "No se rindan. No permitan que eso pase. Si hay un muro de concreto frente a ustedes, atraviésenlo. Pásenle por encima. Denle la vuelta. Pero lleguen al otro lado de ese muro". Un video del discurso fue transmitido este miércoles en el programa *Daily Show* por el presentador Trevor Noah.

El magnate que en 2004 exhortaba a los jóvenes a saltar los muros que se alzaran en su camino, después quiso cerrar la frontera sur a los inmigrantes con un muro enorme, costoso e inservible. Ante el rechazo en el Congreso a aprobar la muralla fronteriza, paralizó temporalmente al gobierno federal, dejando a cientos de miles de empleados federales sin paga por más de un mes. Muchos tuvieron que tomar medidas extremas, como buscar ayuda por desempleo e incluso acudir a bancos de alimentos.

"Déjenme ser bien claro", dijo Trump. "En realidad no tenemos otra opción que construir un muro poderoso o una barrera de acero" en la frontera. La obsesión de Trump con el muro tuvo un costo político. Según una encuesta del *Washington Post* y ABC News de principios de 2019, la mayoría de los norteamericanos culpó al presidente y a los republicanos del Congreso por el cierre del gobierno. Y el descontento del público con la labor de Trump subió cinco puntos porcentuales hasta el 58 por ciento.

Pero Trump quería pasar a la historia como el mandatario que levantó un muro en el límite entre México y los Estados Unidos. Una versión moderna de la Gran Muralla china, cuya construcción empezó en el siglo V antes de Cristo, con el objetivo de detener las incursiones de las tribus mongolas, que entraban desde el norte para saquear las riquezas del imperio. Trump no tenía una opinión muy distinta de los inmigrantes latinoamericanos que tratan de cruzar la frontera mexicana en busca de un futuro mejor. Para él, son bárbaros, criminales que ponen en peligro la seguridad ciudadana en la nación y que llegan a aprovecharse de la prosperidad norteamericana. Eso no es verdad, sino un insulto a la gente humilde y trabajadora que huye de la miseria y la amenaza de las pandillas en el Triángulo Norte de Centroamérica. Pero Trump y sus seguidores habitaban en una realidad alternativa donde sus deseos, sus prejuicios, sus caprichos y sus ambiciones eran palabra sacra.

Irónicamente, los inmigrantes podían usar las propias palabras de Trump en su discurso a los estudiantes en 2004 como inspiración para seguir adelante en su intento por alcanzar el sueño de una vida mejor en los Estados Unidos: no rendirse nunca, saltar el muro y llegar al otro lado.

Trump y el discurso del estado de la (des)unión

Donald Trump empezó su discurso de la noche del martes 5 de febrero de 2019 en el Capitolio de Washington de una manera que podría considerarse conciliadora y hasta inspiradora.

Dijo que la agenda que iba a presentar no era republicana ni demócrata, sino la agenda del pueblo norteamericano. Dijo: "Victoria no es ganar para nuestro partido. Victoria es ganar para nuestro país". De pronto, podía dar la impresión de que el Trump de antes –arrogante, caprichoso, despótico, inepto– estaba dando lugar a un nuevo presidente, más estadista que demagogo.

Pero enseguida, al afirmar que un "milagro económico" estaba ocurriendo en los Estados Unidos, volvió a aparecer el Trump de siempre cuando señaló que lo único que podría detener ese milagro son "las guerras absurdas, la política o ridículas investigaciones partidistas. Si va a haber paz y legislación, no puede haber guerra e investigación", expresó.

En pocas palabras, si querían unidad nacional y cooperación bipartidista en el Capitolio, había que eliminar las investigaciones de fraude y manipulación electoral que afectaban a Trump.

El mandatario también volvió a ser fiel a su carácter cuando enumeró una larga serie de (supuestos) logros de su presidencia. La pujanza económica de la nación se debía exclusivamente a su gestión, fue el mensaje que transmitió al decir cosas como que "en solo 2 años desde la elección, hemos creado un auge económico sin precedentes, un auge que rara vez se ha visto antes". Otra vez no era el presidente Trump, sino Super Donald, un héroe de dimensiones míticas puesto en la Casa Blanca por el pueblo para salvar a la nación.

El único problema: la mayor parte de las afirmaciones para elogiarse a sí mismo eran inexactas. Veamos algunos ejemplos, tomados de un estudio de la agencia AP:

Economía

Trump dijo que en su gobierno se ha creado "un auge económico sin precedentes". Cierto, la economía estaba bien, pero no era la más saludable en la historia. Creció a un ritmo anual de 3,8 por ciento en la primavera y el verano de 2018. Pero a fines de los

90, creció más del 4 por ciento durante 4 años consecutivos. Y en 1984 creció 7,2 por ciento.

Salarios

Trump dijo que estaban subiendo al ritmo más rápido en décadas. En realidad, el salario semanal promedio subió 0,6 por ciento en 2018. En 2015, subió 2,1 por ciento.

Mujeres trabajando

Trump dijo que había más mujeres en la fuerza laboral que nunca antes. Eso era más o menos exacto, pero se debía al crecimiento demográfico, no a ninguna medida específica del gobierno. De todos modos, el índice de participación de las mujeres en la fuerza laboral fue de 57,5 por ciento en 2018; pero en 2000 fue de casi el 60 por ciento.

Sellos de alimentos

Trump dijo que casi 5 millones de personas ya no tenían que recibir sellos para comprar alimentos. En realidad, eran 3,9 millones menos en 2018 que en 2016, pero de todos modos, la cantidad de personas de bajos recursos que necesitan ayuda para conseguir alimentos ha estado disminuyendo desde 2013.

Precio de las medicinas

Trump dijo que gracias a los esfuerzos de su gobierno, en 2018 los precios de los fármacos experimentaron su mayor disminución en 46 años. En realidad, en diciembre de 2018 los precios bajaron 0,6 por ciento en comparación con diciembre de 2017, la mayor reducción en 50 años. Pero cuando se comparan las cifras anuales, los precios de las medicinas subieron 1,6 por ciento en 2018 más que en 2017.

Energía

Trump dijo que "hemos desatado una revolución en la energía norteamericana: los Estados Unidos son ahora el productor número uno de petróleo y gas natural del mundo". Es cierto, pero también debió dar crédito a su antecesor en el cargo. Los Estados Unidos se convirtieron en el mayor productor mundial de gas natural en 2013, bajo el gobierno de Barack Obama, cuando también comenzó el nuevo auge petrolero de la nación.

La frontera con México

Trump seguía insistiendo en que había una crisis en la frontera sur, y una invasión de "caravanas organizadas" que iban hacia los Estados Unidos. Reiteró que había que construir el muro fronterizo que prometió en su campaña electoral, aunque en 2019 cedió y dijo que podría aceptar una valla que no abarcara toda la frontera, y más agentes y tecnología en vez de una muralla de concreto.

"Vamos a confrontar la crisis de seguridad nacional en nuestra frontera sur y vamos a hacerlo de una manera o de otra", dijo el mandatario el 15 de febrero de 2019. "Es una invasión. Tenemos una invasión de drogas y criminales entrando en nuestro país".

La realidad es que no había una crisis apocalíptica en la frontera, como Trump nos quería hacer creer: la inmigración indocumentada había estado disminuyendo constantemente, era muchísimo menor que una década atrás, y las drogas del extranjero entraban mayormente por pasos y puertos legales y vigilados. En todo caso, el gobierno de Trump creó una crisis con las separaciones de familias en la frontera y el encierro de niños en condiciones indignantes.

Trump siguió demonizando a los inmigrantes latinoamericanos indocumentados. Como dijo el senador Bernie Sanders, en su discurso el mandatario mencionó crímenes cometidos por indocumentados, pero ni una palabra sobre los tiroteos masivos cometidos por estadounidenses blancos nacidos aquí.

Trump dijo que "la ciudad fronteriza de El Paso, Texas, tenía un índice de crímenes sumamente alto, uno de los más altos del país, y estaba considerada una de las ciudades más peligrosas de nuestra nación. Ahora, con una poderosa barrera en pie, El Paso es una de nuestras ciudades más seguras".

Pero Trump debió haber revisado mejor sus estadísticas para dar una información más precisa al público. La realidad es que en la frontera entre los Estados Unidos y México hay menos crimen que en otras áreas metropolitanas de la nación.

En El Paso, los delitos violentos estaban disminuyendo desde antes de que se levantara la barrera, en 2009, y después que se terminó de construir la valla, aumentaron ligeramente. La tasa de crímenes en la ciudad tejana se redujo a la mitad desde la década de 1990 hasta 400 incidentes por cada 100.000 habitantes, por debajo de los 600 de Nueva York y los 1.200 de Washington. La mayor reducción del índice de crímenes en El Paso, según datos del Departamento de Justicia, ocurrió entre 1996 y 2006, es decir, antes de que se levantara la valla fronteriza.

Donald "Dee" Margo, alcalde de El Paso y miembro del Partido Republicano, comentó en Twitter después de las palabras de Trump en el Capitolio de Washington: "El Paso NUNCA ha sido una de las ciudades MÁS peligrosas en los Estados Unidos". En resumen, el discurso de Trump fue –de nuevo– más de su misma retórica infundada e injusta, expresada para mantener la fidelidad de su base de apoyo nacionalista, prejuiciada y confundida. No abordó los verdaderos problemas de la sociedad norteamericana, como el costo de la atención médica y de la educación universitaria, la enorme desigualdad en la distribución de la riqueza, la violencia con armas de fuego y la amenaza del cambio climático, y no tendió puentes para aliviar la crispación política. Fue, en realidad, un discurso sobre el estado de nuestra desunión.

Los Estados Unidos, ¿un país de izquierda?

En su campaña presidencial de 2020 –un intento por ganar la reelección que terminó en el fracaso–, Donald Trump aseguró varias veces que los Estados Unidos nunca serán un país comunista o socialista.

Pero en el documental *Fahrenheit 11/9*, de 2018, el cineasta norteamericano Michael Moore afirma que los Estados Unidos, aunque nunca se dice, es un país de izquierda.

Moore señala que la mayoría de la nación apoya la atención médica y la educación universitaria gratis, la inmigración y la legalización de la marihuana, y que el 78 por ciento de los norteamericanos no posee un arma de fuego.

El cineasta afirma que la mayoría izquierdista de la población tiene muy poca representación en Washington debido a los pactos entre los políticos de los dos partidos principales, el Demócrata y el Republicano, con el objetivo de conservar el poder. ¿Tiene razón Moore? ¿Es los Estados Unidos un país de izquierda? Veamos algunas cifras.

Cuidado de la salud

Según una encuesta de Reuters, el 70 por ciento de los norteamericanos apoya el Medicare para todos, es decir, la atención médica gratis, costeada por los impuestos, una noción socialista. El 85 por ciento de los demócratas apoya la idea, y el 52 por ciento de los republicanos también la respalda. Ojo: si más de la mitad de los republicanos –cuya ideología es conservadora y defensora del mercado– quiere que el cuidado de la salud sea gratis, entonces algo debe de andar muy mal en el sistema de salud de los Estados Unidos, que es privado y con costos prohibitivos a menos que uno sea millonario.

Educación superior

De acuerdo con una encuesta de Bankrate, más del 60 por ciento de los norteamericanos apoya la educación universitaria gratis, otra idea que se aparta del dogma del mercado.

Impuestos

El 76 por ciento de la población está a favor de subir los impuestos a los ricos, revela una encuesta de Politico/Morning Consult. Y no crea que ese 76 por ciento está integrado exclusivamente por los menos favorecidos. A principios de febrero de 2019, Jamie Dimon, presidente ejecutivo de JP

Morgan Chase, dijo: "Pienso que las personas que ganan más pueden pagar más. Y no tengo ningún problema con pagar impuestos más altos para resolver algunos de los retos y las desigualdades fundamentales de nuestra sociedad". Opiniones similares han manifestado multimillonarios como el legendario inversionista Warren Buffett, quien una vez dijo que su secretaria pagaba en impuestos más que él.

Licencias con sueldo

Otro giro a babor: en el ámbito laboral, según un estudio del Pew Research Center, el 85 por ciento de los norteamericanos estaba a favor de que los trabajadores reciban licencia con sueldo para atenderse problemas de salud graves.

La misma encuesta de Pew indicó que el 82 por ciento opina que las mujeres, por ley, deben tener licencia de maternidad con sueldo. Actualmente, aunque muchas empresas conceden licencias de maternidad pagadas, no hay ley federal que las obligue a hacerlo. El 69 por ciento de los norteamericanos piensa que se debe dar licencia con sueldo a los hombres en cuanto tengan un hijo. Y el 67 por ciento dice que los trabajadores deben recibir licencia con sueldo para cuidar a un familiar con un problema de salud grave.

Inmigración

En cuanto a la inmigración, según una encuesta de la Universidad de Quinnipiac, el 79 por ciento de los norteamericanos estaba a favor de dar la ciudadanía a los Dreamers, los jóvenes que entraron ilegalmente en los Estados Unidos cuando eran niños, traídos por sus padres; el 66 por ciento rechazaba la política de separar a los niños de sus padres inmigrantes en la frontera, y el 58 por ciento se oponía al muro en la frontera con México que el presidente Trump quería levantar.

Drogas

Y en cuanto a la guerra contra las drogas, que se viene librando desde hace más de cuatro décadas sin un final victorioso a la vista, el 62 por ciento de la población estadounidense está a favor de legalizar la marihuana, señala una encuesta del Pew Research Center.

Parece que Moore no está desacertado, y que la nación es bastante más liberal de lo que muchos de sus políticos, analistas y pensadores están dispuestos a admitir.

'Un racista, un estafador y un tramposo'

El testimonio ante el Congreso del ex abogado del presidente Trump, Michael D. Cohen, con poco menos de 4.000 palabras, sacudió a la nación la mañana del 27 de febrero de 2019. Cohen dijo que Trump es un racista, un estafador y un tramposo. El abogado recordó que una vez Trump le pidió que mencionara un país gobernado por una persona negra que no fuera un "país de mierda". La pregunta se la hizo cuando Barack Obama era presidente. En otra ocasión, pasando en automóvil por un barrio pobre de Chicago, Trump comentó que solo los negros podían vivir de esa manera. Y el abogado relató que Trump dijo que los negros nunca votarían por él porque eran "demasiado estúpidos". Cohen también afirmó que Trump no detuvo las negociaciones del proyecto de una torre en Moscú en enero de 2016, sino meses más tarde, en plena campaña presidencial.

El abogado reveló que Trump le ordenó pagarle $130.000 a la actriz porno Stormy Daniels, poco antes del cierre de la campaña presidencial, para comprar su silencio. Trump había mantenido una relación adúltera con Daniels, y quería evitar un escándalo que afectaría su campaña.

Cohen dijo que Trump se declara un tipo brillante, pero le ordenó que amenazara a la escuela superior y las universidades donde había estado si revelaban sus notas.

Trump se postuló a la presidencia para hacer grandiosa su marca, no al país, afirmó Cohen. "No tenía el deseo ni la intención de dirigir a esta nación, solo comercializarse y aumentar su riqueza y su poder", dijo ante el Congreso. Y agregó que Trump decía con frecuencia que su campaña sería "el mayor infomercial en la historia política".

"Nunca esperó ganar la primaria –continuó el abogado–. Nunca esperó ganar las elecciones generales. La campaña –para él– siempre fue una oportunidad de marketing". Y aseguró que Trump sabía que se habían pirateado correos electrónicos del Comité Nacional Demócrata para entregarlos a WikiLeaks y, al hacerlos públicos, perjudicar la campaña de la candidata demócrata Hillary Clinton.

Los republicanos trataron de impedir la declaración de Cohen y después pusieron en duda su credibilidad. Pero Cohen presentó documentos para probar la veracidad de sus aseveraciones. Lo menos que se debió hacer era abrir una investigación sobre las revelaciones.

El representante republicano Matthew Gaetz, de la Florida, puso comentarios agresivos en Twitter contra Cohen y tuvo el descaro de sugerir que la esposa del abogado podría engañarlo cuando él estuviera en prisión. Más tarde, Gaetz se retractó. Pero el tono de su mensaje indicaba el grado de fanatismo que se había apoderado de los republicanos.

Una extorsión a México para detener la inmigración

Rompiendo con la ideología de libre mercado que defiende, Donald Trump cerró el mes de mayo de 2019 imponiendo unos aranceles del 5% a todas las importaciones de México. El objetivo de la medida era presionar al gobierno de Andrés Manuel López Obrador para que detuviera la llegada de inmigrantes, en su mayoría de Guatemala, El Salvador y Honduras, a la frontera del río Grande. Trump ordenó incrementar los aranceles en un 5% cada mes, hasta el 25%, mientras el gobierno mexicano no tomara medidas para contener la inmigración. López Obrador trató de aplacar al impetuoso vecino del norte, mientras los negocios estadounidenses ponían el grito en el cielo por la medida de Trump. La subida de aranceles implicó un mayor costo para importar productos, y esa alza del costo se la pasaron a los consumidores. Pero a Trump no le importaba: a fin de cuentas, él tenía suficiente dinero para gastar, mientras a buena parte de sus compatriotas se les hace difícil llegar a fin de mes. Esa medida arbitraria de Trump no tenía otro objetivo que fortalecer su aspiración a la reelección contentando a la masa chovinista que lo apoyaba incondicionalmente.

Si de verdad Trump y los congresistas que lo respaldaban hubieran deseado detener la inmigración ilegal, podrían haber empezado tomando medidas contra las empresas e individuos en los Estados Unidos que contratan a indocumentados para que trabajen por salarios de miseria. Pero las empresas del propio Trump se encuentran entre las que han contratado a indocumentados. También podrían haber establecido una especie de plan Marshall para Centroamérica, ayudando a los países del istmo a mejorar su economía mientras tomaban acciones decisivas contra las pandillas que devastan a la región y que son causantes de que la gente emigre. Si la situación socioeconómica en el Triángulo Norte de Centroamérica deja de ser grave, la emigración se reduciría notablemente. Pero Trump prefirió recurrir a la amenaza y la extorsión. Prefirió seguir fiel a su papel de *bully* y mantener el respaldo de su base de apoyo racista, aunque toda la población norteamericana tuviera que pagar el precio –literalmente– de su disparate.

Una 'dura' para la presidencia de los Estados Unidos

El espléndido teatro Adrienne Arsht Center, en el *downtown* de Miami, fue el escenario del primer debate de los candidatos demócratas a la presidencia de los Estados Unidos el miércoles 26 de junio de 2019, ya iniciado el proceso preliminar para las elecciones de 2020.

Todos los aspirantes a la primera magistratura de la nación señalaron los temas más apremiantes del momento: el cambio climático, la urgencia de un sistema de atención médica al alcance de todos, la necesidad de hacer asequible la educación universitaria, la crisis de inmigración en la frontera sur, causada por las políticas inhumanas del presidente Donald Trump.

Como siempre, la senadora por Massachusetts Elizabeth Warren se destacó con su mensaje de solidaridad hacia los pobres y los necesitados, y su crítica contra el puñado de magnates que controlan la mayor parte de la riqueza nacional.

En el debate cobró inusitada fuerza la representante por Hawái Tulsi Gabbard, a quien muchos consideraron la ganadora del encuentro.

Gabbard, nacida en Samoa Americana, y residente en Hawái desde los dos años de edad, apoyaba el Medicare para todos, la educación universitaria gratis para estudiantes de familias que ganen menos de $125.000 al año, el aumento del salario mínimo a $15 la hora, y el uso de la energía limpia y renovable para combatir el cambio climático. Estaba a favor de los matrimonios homosexuales. Y en el debate expresó claramente un mensaje antibélico. Dijo que había que retirar las tropas norteamericanas de Afganistán inmediatamente. También criticó la intervención en Irak. Gabbard sabía lo que decía sobre la guerra. Porque, a diferencia de otros candidatos y del propio presidente de la nación, ella es una veterana. En 2004, se inscribió como voluntaria en la Guardia Nacional y estuvo destacada en Irak, donde sirvió en una unidad médica en el terreno, en zona de combate, en 2004 y 2005. Después sirvió en Kuwait, en 2008 y 2009.

La candidata demócrata fue testigo de la guerra, participó en ella, y sabía de primera mano el desastre y el trauma que los conflictos bélicos siempre causan.

En el debate, Gabbard –que actualmente es mayor de la Guardia Nacional– afirmó que estaba lista para ser la Comandante en Jefe de las Fuerzas Armadas desde el primer día en la presidencia. De eso no cabía duda. Así que los patrioteros y los guerreros de sofá a quienes les gusta votar por "el tipo duro", ahí tenían a una "dura" de verdad, a diferencia del presidente Trump, un aprendiz de bravucón que eludió el reclutamiento durante la guerra de Vietnam alegando que tenía espolones en los pies. Espolones que no le impidieron disfrutar la vida social de Nueva York, mientras jóvenes norteamericanos morían en una guerra absurda e injustificable al otro lado del mundo.

Masacres, armas y racismo en los Estados Unidos

Tres matanzas con armas de fuego conmovieron a los Estados Unidos en una semana del verano de 2019.

La primera fue en Gilroy, un pueblo rural de California, durante la celebración de un evento local, el Festival del Ajo, el 28 de julio. Un joven supremacista blanco de 19 años, llamado Santino William Legan, atacó con un fusil de guerra a los reunidos, casi todos hispanos. El racista mató a tres personas – Stephen Romero, un niño de 6 años; Keyla Salazar, una niña de 13 años, y Trevor Irby, un joven de 25 años– e hirió a 15. Después, al llegar la policía al lugar de la masacre, se suicidó de un balazo. El asesino había adquirido el fusil con toda facilidad en una armería de Nevada, 20 días antes. En su cuenta de Instagram, cancelada después del suceso, el monstruo de 19 años recomendaba la lectura de un libro racista, misógino y antisemita del siglo XIX, titulado *Might is Right*, que los supremacistas blancos mencionan con frecuencia en sus aquelarres de Internet.

Keyla Salazar, con solo 13 años, tuvo el coraje de quedarse atrás para ayudar a una pariente a escapar de la matanza. Murió heroicamente tratando de proteger a una anciana que usaba un bastón para caminar. Y una niña de 10 años tomó a un pequeño de 3 y lo puso debajo de una mesa para salvarlo de las balas. En cambio, el cobarde asesino, con el cerebro derretido por sus lecturas malsanas y por la retórica racista incendiaria que retumba en los Estados Unidos, no tuvo el valor de enfrentarse a la policía y optó por pegarse un balazo.

Violencia en El Paso

La segunda matanza ocurrió en una tienda Walmart de la ciudad tejana de El Paso, el sábado 3 de agosto. Un joven de 21 años llamado Patrick Crusius, también armado con un fusil de guerra, irrumpió en el establecimiento y comenzó a disparar al azar contra la gente. Crusius fue arrestado tras matar a 20 personas y herir a más de dos docenas.

Entre las víctimas estaba Jordan Anchondo, una madre de 25 años que cubrió con su cuerpo a su hijo de dos años para protegerlo de las balas. El esposo de Jordan, Andre Anchondo, también murió en el tiroteo. Al igual que en Gilroy, hubo actos de heroísmo frente a la insania de asesinos xenófobos. Una madre no vaciló en dar la vida por su hijo mientras el cobarde criminal descargaba su odio racista.

El asesino enmascarado

Unas horas después, en la ciudad de Dayton, en Ohio, un individuo de 24 años, Connor Brett, enmascarado, con un chaleco antibalas y armado con un fusil de gran capacidad con un cargador especial de 100 balas, más una escopeta de cartuchos, irrumpió en el distrito de bares y restaurantes de la ciudad alrededor de la una de la mañana y abrió fuego contra la gente. La policía acudió a los 30 segundos del primer disparo y dio muerte al agresor, después que este había matado, en ese breve intervalo, a nueve personas y herido a 27. Entre los asesinados estaban la propia hermana de Brett y un amigo.

Brett había comprado el fusil en Internet, a un establecimiento de Texas, y la escopeta en Ohio. Sin el menor problema, como si se hubiera comprado una camisa o un reloj.

Un denominador común de las tres matanzas es la facilidad con que los perpetradores adquirieron sus armamentos. En los Estados Unidos hay aproximadamente el mismo número de armas en la calle que de habitantes, mientras más de treinta mil personas mueren cada año en el país por heridas de bala, más de 90 al día. Entretanto, los estadounidenses compran unos 15 millones de armas anualmente y las armerías facturaron en 2016 más de 8.600 millones de dólares. Un negocio sumamente lucrativo que usa como slogan empresarial la Segunda Enmienda de la Constitución, aprobada en 1791 en respuesta a las circunstancias de la época y totalmente obsoleta hoy. "Una milicia bien ordenada, siendo necesaria para la seguridad de un Estado libre, el derecho del pueblo a poseer y portar armas, no será infringido", reza la Segunda Enmienda. Me pregunto a qué "milicia bien ordenada" pertenecían los autores de las matanzas.

En los Estados Unidos hay una epidemia de violencia, entre cuyas causas está la proliferación de las armas. Un hecho fácil de comprobar cuando se observa que en los países desarrollados donde la compra de armas es muy limitada, el índice de crímenes es muchísimo más bajo. En Japón, por ejemplo, la cantidad de tiroteos masivos es cero. Si la facilidad de adquirir armas no tiene nada que ver con la pavorosa cantidad de matanzas, ¿entonces cuál es el problema? ¿Hay más gente desequilibrada en los Estados Unidos que en Canadá, Europa, Australia o Japón?

En dos de las matanzas –la de California y la de Texas– el racismo y la xenofobia contra los hispanos fue un detonante. Antes de cometer la masacre, Crusius, el asesino de El Paso, colocó un manifiesto racista en Internet en el que indicaba que su acción era una respuesta a la "invasión hispana de Texas". El monstruo quizá ignoraba que los hispanos nunca invadieron Texas, sino que ya estaban allí, como en todos los estados del Suroeste, cuando a mediados del siglo XIX los Estados Unidos le arrebataron esos territorios a México en una guerra de rapiña.

En la mañana del lunes 5 de agosto, el presidente Trump pronunció unas palabras lamentando las masacres y desaprobando a los supremacistas blancos. Pero su retórica incendiaria desde que se postuló a la presidencia hasta el último año de su mandato estimuló los bajos instintos de los racistas que pululan en Norteamérica. En 2017, cuando en Charlottesville, Virginia, un desalmado lanzó su automóvil contra una multitud que protestaba contra una manifestación de neonazis y mató a una joven de 32 años, Heather D. Heyer, Trump se abstuvo de condenar a los supremacistas. En 2019, dijo a cuatro congresistas demócratas –Alexandria Ocasio-Cortez, Rashida Tlaib, Ilhan Omar y Ayanna Pressley– que regresaran a sus países, molesto por la postura de las cuatro representantes ante problemas de la sociedad norteamericana. Pero solamente una de las congresistas no nació en los Estados Unidos: Ilhan Omar, oriunda de Somalia y naturalizada norteamericana.

Trump dijo en su campaña electoral que México enviaba a los Estados Unidos a violadores, criminales y vendedores de drogas, y que entre la masa de inmigrantes había algunas personas buenas. ¡Vaya condescendencia!

Constantemente se refirió a la llegada de inmigrantes a la frontera sur como una "invasión". Y para detener esa "invasión" se empeñó en levantar un muro medieval, para regocijo de sus seguidores. Ordenó separar a las familias en la frontera y encarceló a niños inmigrantes. El hecho de que gobiernos anteriores hayan tomado medidas severas contra la inmigración indocumentada no justifica que el gobierno de Trump implementara políticas inhumanas. Pero las políticas antiinmigrantes despiertan reflejos pavlovianos entre los racistas.

En el artículo *Trump, racismo y disparates*, publicado el 13 de julio de 2015 en mi blog, *El Blog de Alende*, sobre los comentarios discriminatorios de Trump, escribí: "La discriminación y el odio insensato por el color de la piel y por el origen étnico siguen lacerando el tejido social norteamericano. Y esto sí es grave, porque la profundización de las divisiones suele desembocar en actos de violencia". Fue precisamente lo que ocurrió en Gilroy y en El Paso.

Bolton, ¡estás despedido!

Fiel a su estilo en el programa de televisión *The Apprentice* (El Aprendiz), el presidente Donald Trump despidió el martes 10 de septiembre de 2019 a su asesor de seguridad nacional, el ultraconservador John R. Bolton, mediante un mensaje en Twitter, su red de comunicación favorita. Trump dijo en la red social que informó a "John Bolton la noche anterior que sus servicios ya no eran necesarios en la Casa Blanca" y que Bolton había renunciado.

Con Bolton ya eran tres los asesores de seguridad nacional que Trump despide. Los otros dos fueron Michael Flynn y H. R. McMaster. Flynn fue declarado culpable de haber mentido al FBI en la investigación sobre la injerencia rusa en las elecciones presidenciales.

Como en *The Apprentice*, Trump no la pensaba dos veces para echar a alguien de su entorno. En realidad, bajo su mandato la Casa Blanca ya parecía un set del programa. Algo tenía que andar muy mal en 1600 Pennsylvania Avenue para que tantos funcionarios renunciaran o fueran despedidos en el tiempo que Trump pasó en la presidencia.

En el caso de Bolton, las diferencias con el presidente eran insostenibles. Bolton se opuso a la reunión de Trump con el dictador de Corea del Norte, Kim Jong-un, durante la cual el mandatario norteamericano cruzó la frontera y se internó unos pasos en el país comunista. Bolton tampoco estaba de acuerdo con que Trump se reuniera con el líder de Irán, el ayatola Alí Jamenei, ni aprobó el encuentro que Trump iba a sostener en Washington con jefes del Talibán, que finalmente se suspendió.

Bolton ganó notoriedad como un halcón en las relaciones internacionales, partidario de una política exterior agresiva y del retorno a la diplomacia de las cañoneras. Es un fanático del Destino Manifiesto, siempre dispuesto a intervenir en otros países y derrocar gobiernos cuando le parece conveniente para los intereses que representa o para el adelanto de su ideología retrógrada. Sin embargo, a pesar de su agresividad política y de su imagen feroz, Bolton no es un hombre de acción y en su vida ha estado en combate. Le hurtó el cuerpo a la guerra de Vietnam (al igual que su ex jefe, el presidente Trump), lo cual no le ha impedido mantener hasta hoy su aprobación a ese conflicto. Bolton escribió en el libro de una reunión de graduados de la Universidad de Yale (a la que asistió) que no tenía "el menor deseo de morir en un arrozal del Sudeste Asiático. Consideraba que la guerra de Vietnam ya estaba perdida".

Bolton pertenece a la tropa de guerreros de sofá dispuestos a enviar a los marines a luchar y morir invadiendo otros países, pero renuentes a poner en peligro en una guerra ni una cutícula de su pellejo. Si algo tengo que aplaudirle al presidente Trump, es haber despedido a este halcón de pacotilla cuyas políticas imprudentes podían arrastrar a los Estados Unidos a un barranco.

A la conquista del Ártico

Fiel a sus instintos de empresario del sector inmobiliario, en agosto de 2019 el presidente Trump sorprendió al mundo con una propuesta que más bien parecía una movida del juego de compraventa Monopolio: adquirir la isla de Groenlandia –una región autónoma perteneciente a Dinamarca– y convertirla en una posesión estadounidense.

La mayor isla del mundo fue descubierta en 982 por el marino vikingo Erik el Rojo, quien la llamó Groenlandia, que en danés significa Tierra Verde. Lo más probable es que el nombre fuera un truco publicitario de Erik el Rojo para atraer colonos, pues Groenlandia está casi toda cubierta por glaciares y solo su extremo meridional es verde durante el verano.

El cambio climático (del cual Trump se ha manifestado escéptico) está dándole un nuevo atractivo a Groenlandia. El derretimiento de los glaciares y la disminución de la capa de hielo en el Ártico han permitido descubrir enormes reservas de petróleo y de gas en la región más septentrional del planeta, y también minerales codiciados como uranio, oro, diamantes y otros.

Trump no cree en el cambio climático provocado por la actividad humana. Pero sí sabe reconocer una oportunidad cuando se presenta, aunque sea causada por esa misma crisis del clima que él niega. El Ártico es la región del planeta donde la temperatura sube más rápidamente, y la posibilidad de explotar sus recursos naturales al retirarse los hielos es sin duda lo que llevó a Trump a plantear su jugada de Monopolio proponiendo la compra de Groenlandia.

La movida de Trump causó asombro e hilaridad en los círculos internacionales. La primera ministra de Dinamarca, Mette Frederiksen, dijo que la propuesta era absurda y que el primer ministro groenlandés, Kim Kielsen, "evidentemente ha dejado claro que Groenlandia no está en venta. Punto final". Molesto por la respuesta de la primera ministra danesa, Trump canceló la visita oficial a Copenhague que tenía programada.

Groenlandia no está en venta, pero el Ártico podría convertirse en la próxima palestra de la competencia entre los Estados Unidos, Rusia y China. El secretario de Estado norteamericano, Mike Pompeo, dijo en mayo de 2019 en el foro del Consejo Ártico, reunido en Finlandia, que el océano Ártico se ha convertido en "un escenario de poder y competencia globales" entre las potencias mundiales, ya que es cada vez más accesible debido al derretimiento de los hielos. Sin embargo, en su discurso Pompeo no mencionó ni una vez el término "cambio climático". Peor aún: la delegación norteamericana, encabezada por Pompeo, se negó a reconocer por escrito la crisis del clima, por lo cual el Consejo –integrado por los Estados Unidos, Canadá, Dinamarca, Finlandia, Islandia, Noruega, Rusia y Suecia– no pudo aprobar una declaración final común, por primera vez en la historia de 23 años del foro. La declaración contenía una serie de medidas concretas para frenar el calentamiento global en el Ártico. La Casa Blanca la vetó.

Trump quería convertir a Groenlandia en una base enorme (ya los Estados Unidos tienen en la isla una base militar) desde la cual conquistar el Ártico para explotar los recursos naturales de la región y su riqueza petrolera. Irónicamente, la extracción de crudo para seguir quemando combustibles fósiles acelerará el cambio climático y sus nefastas consecuencias: subida del nivel del mar, inundación de ciudades y vastas regiones costeras, desplazamiento de millones de personas (los refugiados climáticos), intensificación de huracanes, sequías, fuegos forestales, hambruna y otros cataclismos. Con la conquista del Ártico, Trump y su representante Pompeo, aunque nieguen irresponsablemente el cambio climático, estarían atizando las llamas del desastre mundial.

Una pelea de multimillonarios por la Casa Blanca

Justo en el momento en que el *impeachment* o juicio político contra el presidente Donald Trump empezaba a tomar forma, en noviembre de 2019, un multimillonario, Michael Bloomberg, saltó a la palestra anunciando que desafiaría al polémico mandatario en las elecciones de 2020, postulándose como demócrata. Como señaló David Brooks en el diario mexicano *La Jornada*, la decisión de Bloomberg abrió "la posibilidad de que la pugna por la Casa Blanca sea entre un multimillonario contra otro multimillonario, ambos afirmando que representan los mejores intereses del pueblo".

En el caso de Trump, ya sabíamos muy bien cuáles son los intereses que representaba, no precisamente los del pueblo, a menos que considerara "pueblo" solamente a los integrantes de su clase social. Los ejemplos estaban a la vista. Trump, un empresario acaudalado, consiguió una descomunal rebaja de impuestos para los ricos a costa de socavar programas sociales de extrema necesidad para millones de norteamericanos que viven por debajo del nivel de pobreza. El índice de empleos aumentó en su gestión, pero muchos eran trabajos de magro sueldo, de jornada parcial o temporales. La precariedad laboral se mantenía, para espanto de los millones de ciudadanos que tenían que echar mano a una aritmética muy cuidadosa para llegar a fin de mes y que sobrevivían de cheque en cheque. Sí, la economía mejoró, pero no tanto como Trump decía y, de todos modos, para algunos mucho más que para otros. Trump cerró las puertas a la inmigración proveniente del sur. Separó a familias inmigrantes en la frontera, y muchos niños se perdieron en el laberinto de los centros de detención. Algunos no volverán a ver a sus padres.

En el plano internacional, Trump desdeñó acuerdos para evitar la proliferación nuclear, entabló una guerra comercial con China, con posibles perjuicios para los consumidores norteamericanos, trazó e implementó políticas intervencionistas por todas partes, y sacó a los Estados Unidos del Acuerdo de París y de otras iniciativas para paliar el cambio climático, manteniendo una absurda postura negacionista. Sí, sabemos muy bien cuáles son los intereses que Trump representaba.

¿Qué habría traído una postulación de Bloomberg frente a Trump? Bloomberg, fundador de la compañía de información financiera que lleva su nombre, dijo en 2011 que "el sueño americano no sobrevivirá si seguimos diciendo a los soñadores que se vayan para otra parte". Como alcalde de Nueva York, cargo que ocupó de 2002 a 2013, añadió 1,6 kilómetros cuadrados de áreas verdes a la ciudad y 724 kilómetros de carriles para bicicletas. En junio de 2019, Bloomberg lanzó la campaña *Beyond Carbon* (Más Allá del Carbono), una iniciativa para tomar medidas contra el cambio climático, entre ellas el cierre de plantas de carbón y el respaldo electoral a candidatos defensores del medio ambiente.

Ese año la fortuna de Bloomberg se calculó en 53.000 millones de dólares, lo cual convirtió en el noveno individuo más adinerado de los Estados Unidos y el decimocuarto en el mundo. Desde esa altura, los problemas sociales se ven a través de otro prisma. Bloomberg, por ejemplo, se oponía a la medicina socializada y al plan de Medicare para todos por el que abogaba el candidato demócrata socialista Bernie Sanders. Pero estaba a favor de aumentar el salario mínimo federal todos los años, ajustándolo a la inflación. Es, obviamente, un tipo de multimillonario diferente a Trump.

Bloomberg consideró lanzarse al ruedo electoral después de ver que el candidato demócrata Joe Biden no había conseguido inicialmente subir tanto en las encuestas como se esperaba, mientras la izquierda del partido seguía a la cabeza. Quizá la consigna era evitar un triunfo del ala más liberal de los demócratas, porque entonces la plutocracia norteamericana podría comenzar a resquebrajarse. ¿Se convertiría la contienda electoral en una pelea entre dos multimillonarios?

¿Qué estamos esperando para decirle adiós al petróleo?

Los gases de efecto invernadero tuvieron un aumento récord en 2018, según la Organización Meteorológica Mundial (OMM), el organismo especializado de las Naciones Unidas para la meteorología.

En el Boletín sobre Gases de Efecto Invernadero de la OMM, emitido el lunes 25 de noviembre de 2019, se indicaba que el aumento de los gases responsables del calentamiento global en 2018 superó el incremento promedio anual de la última década. "Esta tendencia continua a largo plazo significa que las generaciones futuras afrontarán impactos cada vez más severos del cambio climático, con aumentos de la temperatura, climas más extremos, escasez de agua, subida del nivel del mar y trastorno de los ecosistemas marinos y terrestres", señaló el informe. El documento también indicó que la concentración de dióxido de carbono en la atmósfera, producto de la quema de combustibles fósiles, es la principal causa del calentamiento global.

¿Qué estamos esperando entonces para reducir drásticamente el consumo de petróleo? Los automóviles movidos por gasolina deben convertirse en piezas de museo cuanto antes, y ser sustituidos por vehículos eléctricos. Eso sí: no Teslas para millonarios, sino automóviles al alcance de todos. Esa sustitución exige una inmensa tarea de servicio público de los gobiernos, que deben subsidiar los precios de los automóviles y la conversión de la industria. Pero, sobre todo, exige una inmensa dosis de valor político para librarse de la influencia de las grandes empresas petroleras y poner el interés público por encima de voraces intereses particulares.

Lamentablemente, el gobierno de Donald Trump, un negacionista del cambio climático, no apuntaba en esa dirección. Debería haber apuntado, porque los Estados Unidos es el mayor contaminante mundial y por lo tanto tiene una deuda con la humanidad que debe pagar reduciendo su despilfarro de recursos no renovables, su enorme volumen de desechos tóxicos y su industria extractiva de petróleo, gas y carbón.

El 26 de noviembre, el Programa de las Naciones Unidas para el Medio Ambiente dijo en un informe que las emisiones de gases de efecto invernadero tienen que empezar a reducirse el 7,6 por ciento anual a partir de 2020 para cumplir con los objetivos del Acuerdo de París sobre el cambio climático. De lo contrario, los científicos vaticinan catástrofes, entre ellas la inundación de ciudades costeras y olas de calor. En noviembre de 2019, la *acqua alta* anegó gran parte de Venecia, la peor inundación que sufre la ciudad italiana en más de medio siglo. Esperemos que el desastre sirva de alarma. Los fenómenos climáticos serán cada vez más extremos si se desoyen las advertencias de los científicos y no entramos en acción de inmediato, ahora mismo, porque no hay tiempo que perder.

Trump ante el riesgo de la destitución

Los Estados Unidos llegaron al fin del año 2019 con su presidente, Donald Trump, repudiado por la Cámara de Representantes. La Cámara, de mayoría demócrata, votó a favor de destituir a Trump al declararlo culpable de dos acusaciones: abuso de poder y obstrucción a la labor del Congreso.

Las acusaciones se basaban fundamentalmente en el intento de Trump de coaccionar al gobierno de Ucrania, instándolo a investigar los negocios presuntamente turbios de Hunter Biden, el hijo del candidato demócrata Joe Biden, en el país europeo. De lo contrario, Trump le retiraría la necesitada ayuda norteamericana a Ucrania. Eso equivalía a pedir la injerencia de un país extranjero en las elecciones estadounidenses y, por lo tanto, era peor que el caso Watergate en los años 70 que le costó la presidencia a Richard Nixon.

El proceso de destitución (conocido en inglés como *impeachment*) pasó entonces al Senado, controlado por los republicanos. El presidente del Senado, Mitch McConnell, ya había dicho que el proceso no sería aprobado en la Cámara Alta. En ese momento, Trump siguió en el cargo.

El 49 por ciento de los votantes inscritos estaba a fines de 2019 a favor de destituir a Trump, y el 45 por ciento en contra. Entre los demócratas, el 88 por ciento favorecía la destitución, y una proporción igual de republicanos se oponía. Es decir, la mayoría que quería sacar a Trump de la Casa Blanca era muy exigua, y las cifras revelaban la enorme polarización en la sociedad norteamericana y el increíble apoyo que todavía tenía un político como Trump, que representaba los males que socavan a la nación: el racismo, el supremacismo blanco, el nacionalismo extremista, el individualismo, el egoísmo despiadado, el abandono de los sectores pobres, el apuntalamiento del ínfimo sector que controla más de la mitad de la riqueza nacional, una política exterior imperialista. El Senado no aprobó el *impeachment*. Trump salió envalentonado del proceso, y utilizó su triunfo como arma electoral en su intento por quedarse cuatro años más en la Casa Blanca.

El legado de Bernie Sanders al abandonar la campaña electoral

Bernie Sanders, senador independiente por el estado de Vermont y aspirante demócrata a la presidencia de los Estados Unidos, suspendió el 8 de abril de 2020 su campaña electoral.

"Aunque hemos ganado la batalla ideológica, y aunque estamos ganando el apoyo de los jóvenes y de los trabajadores en todo el país, he llegado a la conclusión de que esta batalla por la nominación demócrata no tendrá éxito", dijo el ex candidato de ideas socialistas. "Así que hoy estoy anunciando la suspensión de la campaña activa y felicitando a Joe Biden, un hombre muy decente, por su victoria".

Con la retirada de Sanders, la contienda por la Casa Blanca quedó reducida a un enfrentamiento entre el entonces presidente, Donald Trump, y el candidato demócrata Joe Biden.

En ese momento todavía era difícil predecir quién se alzaría con el triunfo en las elecciones de noviembre. Pero la epidemia del coronavirus le había asestado un golpe demoledor a la economía, cuya buena marcha antes de la llegada de la plaga era una de las ventajas electorales con que Trump contaba. La respuesta ante la Covid-19 iba a ser un factor de peso en la votación, y en ese terreno Trump no salía bien parado. El 8 de abril, seis encuestas separadas mostraron un nivel de apoyo popular al mandatario entre el 40 y el 45 por ciento. Históricamente, cuando hay una crisis la nación da un respaldo considerable al presidente, pero no fue precisamente así con Trump. La percepción de que su respuesta a la pandemia fue inadecuada incidió en su relativamente bajo nivel de popularidad, en comparación con el de otros presidentes en tiempos de crisis.

Bernie Sanders se retiró del torneo electoral, pero no abandonó la batalla. En su mensaje al retirarse de la campaña, dijo que seguiría reuniendo tantos delegados como fuera posible para la Convención Nacional Demócrata con el fin de ejercer una influencia importante en la plataforma del partido. "Entonces, juntos, unidos", señaló, "seguiremos adelante para derrotar a Donald Trump, el presidente más peligroso de la historia norteamericana moderna. Y lucharemos por elegir a progresistas firmes en cada nivel de gobierno, desde el Congreso hasta la junta escolar".

Bernie renunció a su aspiración presidencial, pero dejó un legado de lucha contra la injusticia y sigue marcando pautas para tener una nación mejor, un futuro mejor.

"Si no creemos que el cuidado de la salud debe ser un derecho humano, nunca lograremos la atención médica universal", expresó.

"Si no creemos que tenemos derecho a salarios y condiciones laborales decentes, millones de nuestra gente seguirán viviendo en la pobreza".

"Si no creemos que tenemos derecho a toda la educación que requerimos para realizar nuestros sueños, muchos saldrán de la escuela agobiados por una deuda enorme, o nunca recibirán la educación que necesitan".

"Si no creemos que tenemos derecho a vivir en un mundo que tenga un medio ambiente limpio, que no esté devastado por el cambio climático, seguiremos viendo más sequías, inundaciones, subida del nivel del mar y un planeta cada vez más inhabitable".

"Si no creemos que tenemos derecho a vivir en un mundo de justicia, democracia y equidad –sin racismo, sexismo, homofobia, xenofobia o prejuicios religiosos– seguiremos teniendo una enorme desigualdad de ingresos y riqueza, prejuicios y odio, encarcelamiento masivo, inmigrantes aterrorizados y cientos de miles de norteamericanos durmiendo en las calles del país más rico de la Tierra".

Bernie dejó la campaña con un fuerte apoyo de los jóvenes y de buena parte de la clase trabajadora, los que no se han dejado seducir por los cantos de sirena de un sistema neoliberal que rueda hacia el fracaso, que ya ha fracasado en numerosos aspectos y que ya ha fracasado para mucha gente.

Su ideal de igualdad, solidaridad y justicia social ganó las mentes de la gente joven, que no está contaminada con la retórica anticuada de la Guerra Fría. Fue precisamente el lavado de cerebro del macartismo la causa de que Sanders no recibiera más apoyo, incluso en las filas del Partido Demócrata, donde Biden le sacó una clara ventaja.

La etiqueta de "comunista" tiene un grave impacto en una nación donde muchos todavía creen que guerras como la de Corea y la de Vietnam estaban justificadas ante el "peligro rojo". Y los extremistas de derecha no perdieron tiempo en acusar a Sanders de "comunista", aunque la visión social del ex candidato no es la soviética, sino la que predomina en el occidente de Europa.

Los planteamientos principales que Sanders enarboló en su campaña eran "Medicare para todos", es decir, atención médica universal gratuita, pagada por los impuestos de los contribuyentes, y educación universitaria gratis, de nuevo, también pagada por los impuestos. Son dos ideas arraigadas en la mentalidad europea, pero que muchos norteamericanos, influenciados por la propaganda neoliberal, no aceptan.

La desigualdad en los Estados Unidos ha alcanzado niveles escandalosos: el 10 por ciento más rico posee el 70 por ciento de la riqueza total de la población. Aproximadamente 40 millones de norteamericanos viven en la pobreza, y unos 30 millones no tienen seguro médico. Sanders quería llegar a la Casa Blanca para vencer esos males. No lo consiguió, y a su edad, 78 años, es muy improbable que lo consideren para las elecciones de 2024. Pero nos dejó un mensaje poderoso de conquista social, de fe en el futuro y en la juventud, de confianza en que todo puede ser mejor. "La lucha por la justicia es lo que definió a nuestra campaña", señaló al retirarse de la contienda electoral. "La lucha por la justicia es lo que sigue definiendo a nuestro movimiento".

Una receta desastrosa para la pandemia de la Covid-19

La epidemia de la Covid-19, un nuevo tipo de coronavirus, comenzó en China, con un brote epidémico detectado en diciembre de 2019 en la ciudad de Wuhan, en la provincia de Hubei. Se estima que el foco inicial de la epidemia fue un mercado de pescado, mariscos y animales vivos en esa urbe de más de 11 millones de habitantes en la región central de China.

El gobierno chino tomó medidas urgentes para evitar la propagación de la epidemia, como el confinamiento estricto de Wuhan y después de otras ciudades y zonas de la provincia, en una acción "sin precedentes en la historia de la salud pública", según la Organización Mundial de la Salud. A pesar de la rápida y eficaz aplicación de las medidas en China, la Covid-19 saltó a Europa y luego a los Estados Unidos.

El presidente Trump minimizó al principio la gravedad de la epidemia. El 24 de febrero de 2020, escribió en Twitter que el virus estaba "bajo control". Dos días después, afirmó que en un par de días los contagios iban a bajar a "casi cero". Y un día más tarde aseguró que el virus: "Va a desaparecer. Un día, como un milagro, desaparecerá".

Trump esperaba un milagro, pero como presidente debía haber trazado un plan nacional eficaz desde la llegada del virus para contener la epidemia. No lo hizo. Dejó a discreción de los estados la implementación de medidas contra el coronavirus, y los resultados de su mal manejo de la crisis sanitaria y de la ausencia de una política nacional uniforme están a la vista: el 27 de marzo de 2020, Estados Unidos se convirtió en el epicentro de la pandemia a nivel mundial, y a principios de abril de 2020 había sufrido cuatro veces más fallecimientos por Covid-19 que China. La receta de Trump frente a la pandemia resultó desastrosa.

El coronavirus y la mano invisible del mercado

La ciudad china de Wuhan, donde apareció la epidemia de coronavirus que se extendió a todo el planeta, le dijo adiós al confinamiento de sus habitantes el 8 de abril de 2020, después que las autoridades anunciaron que el brote está bajo control.

El miércoles 8 de abril salió de la ciudad el primer tren, después de unas estrictas medidas de aislamiento que duraron 76 días.

Los 11 millones de residentes ya podían salir sin autorización del gobierno, pero debían llevar una aplicación en sus teléfonos móviles que los rastreaba e indicaba si están sanos y si entraban en contacto con una persona enferma. La tecnología los vigilaba, pero esta vez para una causa necesaria y salvadora.

Entretanto, en los Estados Unidos, el nuevo epicentro de la pandemia, la plaga avanzaba con su penosa secuela de fallecimientos y contagios. Después de negar durante semanas la gravedad de la Covid-19, el presidente Donald Trump extendió las medidas de aislamiento y distanciamiento social hasta el 30 de abril de 2020. El 30 de marzo de ese año, en una comparecencia pública sobre los efectos posibles de la plaga, dijo: "Si nos quedamos en los 100.000 muertos habremos hecho un gran trabajo".

¿Cien mil muertos? ¿Un gran trabajo? Esa afirmación revelaba una falta de contacto con la realidad que le impedía reconocer los errores. Según *The New York Times*, el asesor de comercio de la Casa Blanca, Peter Navarro, había advertido en enero de 2020 que la pandemia de coronavirus podía poner en peligro la vida de millones de estadounidenses. Pero su advertencia cayó en oídos sordos.

Entretanto, en China, la cifra de muertes por la epidemia es desde hace muchos meses 4.634, mientras en los Estados Unidos ascendía a 337.066 al escribir este capítulo.

¿Cómo es posible que en los Estados Unidos, cuya población es aproximadamente cuatro veces menor que la de China, las víctimas fatales del coronavirus hayan sido 72 veces más?

El 5 de abril de 2020, el doctor Anthony Fauci, director del Instituto Nacional de Alergias y Enfermedades Infecciosas de los Estados Unidos, se mostró cautelosamente optimista y dijo que la cantidad de muertes podría ser menor. La doctora Deborah Birx, coordinadora de la respuesta de la Casa Blanca a la Covid-19, indicó citando un modelo de la Universidad de Washington que las víctimas mortales podrían ser unas 82.000 hasta agosto de 2020, no las 100.000 o más anunciadas anteriormente. De cualquier forma era una cifra dantesca, varias veces por encima del saldo trágico en otros países, incluidas China, España e Italia, que han sufrido una elevada incidencia de contagios. ¿Cómo es posible?

La respuesta hay que buscarla en el sistema neoliberal vigente, que deja la reacción ante una crisis a la "mano invisible" del mercado. Pero al principio de la crisis de salud, esa "mano invisible" no pudo abastecer a la población estadounidense de productos necesarios como mascarillas sanitarias, guantes y desinfectantes, ni siquiera de papel higiénico, que en los primeros días de la emergencia desapareció de los anaqueles de los supermercados, comprado a la carrera por los acaparadores. Esa "mano invisible" no fue capaz de organizar una distribución racionada de los productos básicos, aplicando regulaciones estrictas en los establecimientos en cuanto se anunció la crisis. La "mano invisible" del libre mercado tampoco logró que los hospitales tuvieran más camas para los contagiados. No proporcionó la cantidad suficiente de respiradores para los enfermos. No ofreció inicialmente a la población las pruebas que hacían falta para detectar los contagios. Y ni siquiera dotó de todos los equipos y artículos de protección necesarios al personal de atención médica, que se jugó la salud y hasta la vida en la primera línea de combate frente a la pandemia. Ante la crisis, la "mano" del libre mercado no solo es invisible, sino también incapaz.

Un vistazo a las estadísticas muestra que los países con robustos sistemas de salud pública enfrentaron el coronavirus con más eficacia. En España y en Italia, países muy castigados por la epidemia, los sistemas de medicina pública han sufrido desde hace años el asedio de políticas neoliberales en favor de la atención médica privada, y ya hemos visto cuáles fueron los resultados. Y en los Estados Unidos, ni siquiera hay un sistema de salud propiamente dicho, sino una red de hospitales y consultas médicas particulares donde el que no paga, no recibe atención. La pandemia del coronavirus demostró que la medicina neoliberal es una mala receta para enfrentar las crisis y proteger a la gente. En estos casos, la "mano invisible" del mercado no funciona.

Más de cien mil muertes por la Covid-19

El martes 26 de mayo de 2020, los Estados Unidos rebasaron la cifra de 100.000 muertes por la pandemia de coronavirus. Fue con mucho el país con la mayor cantidad de fallecimientos por la Covid-19 en todo el mundo. También tenía en ese momento el mayor número de casos activos: 1.144.717.

En comparación, España tenía en esa fecha 27.117 muertes; Italia, 32.955; Francia, 28.432. El Reino Unido, uno de los países más castigados, había sufrido 37.048 muertes. China, el país donde surgió el brote, tiene un saldo fatal de 4.634 víctimas, desde hace muchos días no ha registrado ninguna muerte nueva, y en ese momento tenía 81 casos activos. La epidemia se ha cebado en los Estados Unidos.

La respuesta del gobierno de Donald Trump a la amenaza de la pandemia fue errática y desastrosa. Desde que China cerró la ciudad de Wuhan al advertir una avalancha de casos de neumonía atípica, incluso desde que muchos países europeos tomaron medidas estrictas para frenar los contagios, en los Estados Unidos había tiempo suficiente para determinar un curso de acción y ponerlo en práctica.

Pero al principio el presidente Trump restó importancia al coronavirus, mientras buen número de sus seguidores suscribía una teoría conspirativa: que se trataba de una estratagema de los demócratas para sabotear la reelección del mandatario republicano. Esa pérdida de tiempo costó muy caro: según un estudio de la Universidad de Columbia, se pudieron haber salvado 36.000 vidas en los Estados Unidos si las medidas de distanciamiento social se hubieran aplicado solamente una semana antes de la fecha en que se implementaron, alrededor del 15 de marzo.

No hubo confinamiento. El distanciamiento social era una broma en los supermercados, llenos de gente que no tenían otro lugar a donde ir después que cerraron los centros comerciales y que no respetaban las señales para mantener una distancia con los demás clientes. No se tomaron medidas como congelar los precios de los productos básicos y fijar límites a la compra de artículos de primera necesidad, para evitar el acaparamiento y la especulación. Durante muchos días en los supermercados no hubo agua embotellada ni papel higiénico. Los desinfectantes a base de alcohol para las manos desaparecieron como por encanto. No se facilitó al público la adquisición de mascarillas y guantes. Ni siquiera había suficientes equipos de protección para el personal sanitario.

Se permitió que las empresas despidieran a millones de empleados sin un plan de contingencia para las personas que de la noche a la mañana perdieron su medio de vida. La ayuda monetaria de 1.200 dólares por adulto que el gobierno federal entregó en mayo apenas alcanzó –o no alcanzó– para pagar el alquiler o la hipoteca mensual de la vivienda. Entretanto, los multimillonarios norteamericanos aumentaron sus ingresos en 434.000 millones de dólares entre mediados de marzo y mediados de mayo de 2020. Jeff Bezos, el dueño de Amazon, la colosal empresa de ventas en Internet, y Mark Zuckerberg, el propietario de la red social Facebook, fueron los más beneficiados, con 34.600 millones y 25.000 millones más, respectivamente. La crisis del coronavirus, evidentemente, no afectó a todos por igual.

A pesar del saldo trágico de la pandemia en mayo de 2020, el gobierno volvió a abrir tiendas, restaurantes, bares, playas. Trump estaba decidido a reabrir la economía a como diera lugar. La gente estaba cansada de tantas restricciones. Era comprensible. Pero la dura realidad es que el sistema norteamericano no supo afrontar la pandemia con eficacia y humanidad, y la consecuencia se hizo visible en la penosa estadística de más de cien mil muertes, una estadística que siguió creciendo hasta llegar a más de 300.000 unos meses después, en diciembre de 2020.

Recesión en los Estados Unidos

La economía estadounidense entró oficialmente en recesión el 8 de junio de 2020, anunció la Oficina Nacional de Investigaciones Económicas, una entidad privada que estudia la economía de los Estados Unidos.

La economía marchaba a toda máquina en febrero. Pero al llegar la epidemia del coronavirus a Norteamérica, se produjo en marzo una caída devastadora del empleo y del consumo. Más de 42 millones de norteamericanos perdieron sus trabajos y solicitaron al gobierno beneficios por desempleo. A eso había que sumar el cierre de muchos negocios y las medidas de precaución ante la epidemia, como quedarse en la casa. Resultado: una enorme caída del consumo. El desplome puso fin a la expansión económica de 128 meses que había comenzado en junio de 2009, bajo el gobierno de Barack

Obama. Fue la expansión económica más duradera en la historia de los Estados Unidos. El Covid-19 le puso fin.

El impacto del coronavirus en los Estados Unidos ha sido particularmente trágico: cuando Trump salió de la presidencia, en enero de 2021, la cifra de muertes rondaba el medio millón, muy por encima de cualquier otro país. La culpa, desde luego, es de una pandemia que ha tomado por asalto al planeta. Pero también hay que señalar la respuesta errática del gobierno de Trump, que al principio trató de minimizar la gravedad de la plaga y después se concentró en reabrir la economía aun con el número de contagios en aumento.

Antes de que Trump asumiera la presidencia, había una oficina en el Consejo de Seguridad Nacional dedicada a enfrentar epidemias. Trump la cerró en 2018, siguiendo su estrategia de borrar lo más posible el legado de su antecesor en el cargo, Barack Obama, el primer presidente afroamericano de los Estados Unidos. Ex funcionarios de gobierno citados por la cadena informativa CNN dijeron que si Trump no hubiera cerrado esa oficina, el gobierno habría estado mejor preparado para enfrentar la pandemia.

La reacción de la Casa Blanca a la Covid-19 en 2020 fue un fracaso, y encima el país sufrió una recesión.

Frente a la pandemia: en los Estados Unidos no lo hicimos muy bien

Mientras el presidente Donald Trump visitaba el Comando Sur de las fuerzas armadas en la ciudad de Doral, en el condado de Miami-Dade, el 10 de julio de 2020, el número de contagios de Covid-19 en los Estados Unidos se disparó a más de tres millones, con más de un millón y medio de casos activos y más de 135.000 muertes.

Esas cifras trágicas superaban con creces a las de cualquier otro país del mundo.

En la Florida, durante la visita de Trump, había casi 200.000 casos activos y habían ocurrido más de 4.000 fallecimientos, casi tantos como el total de muertes ¡en toda China! Claro, Trump no iba a decir eso en la sede del Comando Sur en Doral.

La respuesta del país más rico y poderoso del mundo (¿lo sigue siendo?) a la pandemia del coronavirus fue desastrosa. En el estado de Nueva York había en julio de 2020 más de 32.000 muertes; en California, más de 6.800; en Nueva Jersey, 15.522; en Illinois, 7.329; en Massachusetts, 8.268; en Pensilvania, 6.904; en Michigan, 6.271. En estos estados norteamericanos habían fallecido más personas que en China, que tuvo un total de 4.634 muertes.

Y ni hablemos de Vietnam, donde en esa fecha no había ocurrido ningún fallecimiento por coronavirus gracias a las estrictas medidas de aislamiento y atención a la población que tomó el gobierno del país asiático en cuanto la epidemia se manifestó en China.

Corea del Sur, Taiwán, Alemania y otros países también detuvieron rápidamente el avance del virus vigilando estrechamente a los que estaban en cuarentena, realizando una gran cantidad de pruebas y rastreando a todos los que habían estado en contacto con enfermos del Covid-19. Cuba, con 139 fallecimientos; Nicaragua, con 164, y Uruguay, con 135, son otros ejemplos de una respuesta gubernamental coherente y eficaz y de sistemas de salud al servicio de toda la población, no solamente de los que puedan pagar la atención médica.

Entretanto, en los Estados Unidos –donde no existe un sistema de medicina pública y los que no tienen seguro tienen que pagar la atención de su bolsillo, o no ir al médico– la cantidad de casos se había disparado y en los hospitales de muchas ciudades –como en Miami– las salas de emergencia estaban funcionando al máximo de su capacidad y quedaban pocas camas para los pacientes o no alcanzaban.

"Otros países han sido capaces de combatir esto [la pandemia] porque tenían una estrategia nacional coordinada en vez de un enfoque dividido, combinado con mensajes disímiles y hasta un desdén por la ciencia y la salud pública que algunos de nuestros funcionarios públicos mostraron –dijo la doctora Leana Wen, médico de emergencia y profesora de salud pública de la Universidad George Washington–. En realidad, no necesitábamos estar en esta posición".

El doctor Anthony Fauci, el principal especialista en enfermedades infecciosas de los Estados Unidos, dijo que el divisionismo y la política partidista habían causado el fracaso en detener la epidemia hasta ese momento.

"Según la experiencia histórica, cuando no hay un enfoque unánime ante algo, la forma en que se maneja no es tan eficaz –dijo en julio de 2020–. Cuando nos comparamos con otros países, no creo que se pueda decir que lo estamos haciendo muy bien". Lamentablemente, el doctor Fauci tenía razón: en los Estados Unidos no lo estábamos haciendo muy bien.

La Covid-19 dejó más víctimas en la Florida que en China

El estado norteamericano de la Florida superó a China en cantidad total de muertes en julio de 2020. El sábado 18 de ese mes, la Florida tenía un total de 4.898 fallecimientos, frente a 4.634 que sufrió China.

Ese sábado, en los Estados Unidos habían ocurrido 142.672 muertes y había casi 2 millones de casos activos. Más de 1,7 millones se habían recuperado de la Covid-19.

En todo el mundo, el mismo día se contabilizaba un total de casi 602.000 muertes, con más de 5 millones de casos activos. Se habían recuperado de la enfermedad más de 8,5 millones de personas. Los Estados Unidos no solo eran el epicentro de la pandemia, sino que habían sufrido casi la cuarta parte de las muertes a nivel mundial y tenían la quinta parte de los casos activos.

El presidente Donald Trump podía decir lo que quisiera, pero en los Estados Unidos presenciamos un fracaso colosal del sistema para hacer frente a una epidemia de esa magnitud.

El sistema de atención médica que padecemos en los Estados Unidos, basado en seguros privados ofrecidos por empresas con fines de lucro, es ineficiente e inhumano. El que no tiene seguro, no recibe atención. Y aun los que tienen seguro –cuyo costo para el asegurado es de cientos o más de mil dólares cada mes– deben pagar de su bolsillo una serie de gastos, copagos, deducibles, llámense como se quiera, con lo cual las aseguradoras garantizan que sus ganancias no mermen.

Desde que el coronavirus llegó a las costas norteamericanas, Trump manejó la epidemia de una manera errática. Pasó semanas comentando que no era peor que la gripe –aunque la Covid-19 tiene un índice de contagio y de letalidad mayor, y en el verano de 2020 todavía no había vacuna–, y afirmó que no era un problema grave, que la epidemia podría desaparecer por sí sola. El 5 de mayo de 2020, dijo en una fábrica de mascarillas sanitarias en Phoenix, Arizona, que la economía debía reabrir "pronto", aun cuando habría personas "afectadas".

"No estoy diciendo que todo sea perfecto, y, ¿algunas personas serán afectadas? Sí. ¿Algunas personas serán afectadas gravemente? Sí. Pero tenemos que abrir nuestro país y tenemos que abrirlo pronto", expresó Trump.

En su recorrido por la fábrica de mascarillas, el mandatario llevaba puestos anteojos de seguridad, pero no usaba mascarilla. En toda la fábrica había carteles instando a las personas a cubrirse la cara en todo momento.

El sistema de salud privado, que no ofrece una protección adecuada a toda la población; la ausencia de una política nacional coherente y uniforme contra la pandemia, la falta de medidas de protección más estrictas, la carencia inicial de pruebas y recursos médicos, y el énfasis en salvar la economía antes que a la gente, causaron resultados desastrosos. Los Estados Unidos fueron el país con las peores cifras en todo el mundo, y en el idílico estado de la Florida – como en otros estados de la Unión– la cantidad de fallecimientos fue más alta que en toda China. Un desastre nacional.

Medios sociales rechazaron mensaje de Trump y su hijo sobre la Covid-19

A fines de julio de 2020, las redes sociales Facebook, Twitter y YouTube sacaron de circulación un video retransmitido por el presidente Donald Trump y su hijo, Donald Trump Jr., en el que se daba información falsa sobre tratamientos para la Covid-19.

El video, que se hizo viral, fue subido inicialmente por el sitio web de derecha Breitbart News. Mostraba una conferencia de prensa en Washington, ofrecida por integrantes de un grupo de médicos formado hacía poco tiempo que se llamaba America's Frontline Doctors, y por el representante Ralph Norman, republicano por Carolina del Sur. En la conferencia, los doctores decían que los norteamericanos debían despertar y salir de la "telaraña de miedo" en que vivían por la epidemia del coronavirus.

Una doctora, Stella Immanuel, de Houston, Texas, afirmó que la hidroxicloroquina, un fármaco contra la malaria, es una cura para la Covid-19. El presidente Trump también había dicho lo mismo sobre ese fármaco unas semanas antes. Sin embargo, varios estudios científicos señalaban que la hidroxicloroquina no solo es ineficaz frente al coronavirus, sino que puede causar una arritmia grave y hasta mortal.

Immanuel también dijo que no era necesario usar mascarillas. Pero autoridades médicas de todo el mundo, incluidos los Centros para el Control y la Prevención de Enfermedades (CDC) de los Estados Unidos indicaron que para evitar la propagación del virus, se debe usar mascarillas y limitar el contacto con otras personas.

Según el sitio Mediabias/Factcheck, el grupo America's Frontline Doctors es un sitio web de pseudociencia que publica información falsa o engañosa sobre la Covid-19. Mediabias/Factcheck señaló que, al parecer, estos doctores estaban afiliados con la organización de extrema derecha Tea Party. Cuando intenté entrar en el sitio de America's Frontline Doctors, apareció en la pantalla un aviso diciendo que el sitio web había expirado.

La pandemia de coronavirus agudizó la división política entre los norteamericanos

Una encuesta divulgada el domingo 23 de agosto de 2020 sobre el coronavirus y las percepciones del público norteamericano arrojó resultados tan curiosos como preocupantes. Ese día, la cantidad de muertes en los Estados Unidos por la pandemia superaba las 176.000.

El sondeo, llevado a cabo por la cadena televisiva norteamericana CBS News y la firma británica de análisis de datos YouGov, indicó que la afiliación partidista dividía marcadamente a los norteamericanos al considerar la gravedad de la pandemia y la eficacia (o la ineficacia) de la respuesta del gobierno federal.

El 57% de los votantes republicanos pensaba que la cifra de fallecimientos era aceptable, mientras una minoría de los votantes en general (el 31%) opinaba lo mismo.

En cuanto a la respuesta gubernamental ante el coronavirus, el 42% de los electores en general opinó que el presidente Trump había hecho un buen trabajo. Entre los republicanos, el 86% elogió la labor de Trump frente al virus, mientras el 92% de los demócratas pensaba lo contrario.

El 44% de los independientes le dio un visto bueno al mandatario.

Entretanto, el 40% de los republicanos creía que las cifras de víctimas de la pandemia estaban exageradas. Sin embargo, el doctor Anthony Fauci, director del Instituto Nacional de Alergias y Enfermedades Infecciosas de los Estados Unidos, dijo que la cantidad de fallecimientos posiblemente es mayor de la divulgada. El 44% de los votantes en general concordaba con Fauci.

¿Cómo era posible que más de la mitad de los electores republicanos pensara que 180.000 muertos por el coronavirus era una cifra aceptable? ¿Cómo es posible que poco menos de la mitad del electorado general opinara que la labor del presidente frente a la epidemia había sido buena?

El propio Trump dijo el 30 de marzo de 2020: "Si nos quedamos en los 100.000 muertos habremos hecho un gran trabajo". Pues bien, el 25 de agosto de 2020 los fallecimientos por Covid-19 en los Estados Unidos ya pasaban de 180.000, muy por encima del resto del mundo, incluso de países castigados severamente por la epidemia como España (28.872 en ese momento), Italia (35.441), Francia (30.528), el Reino Unido (41.433), México (60.800) e India (58.570).

El único país que se acercaba a los Estados Unidos era Brasil, con 115.451 muertes, gobernado por el ultraderechista Jair Bolsonaro, un émulo de Trump que, al igual que el presidente norteamericano, minimizó la gravedad de la epidemia y no trazó un plan nacional coherente para combatir la propagación del virus.

El hecho de que tantos electores norteamericanos –en su inmensa mayoría republicanos– aprobara el desempeño de Trump ante la pandemia indicaba que los Estados Unidos sufrían otra plaga: una plaga de división, politización excesiva y fanatismo ideológico. La presidencia de Trump polarizó a la sociedad norteamericana a un nivel que no se había visto en largo tiempo. El partidismo se impuso ante una crisis de salud que debería haberse afrontado sin extremismos políticos y con una actitud lógica, científica y solidaria.

La batalla por la Casa Blanca

El 20 de enero de 2017, a las 5:11 p.m., el presidente Donald Trump presentó su solicitud de aspirar a la reelección. En las primarias republicanas celebradas el 3 de marzo de 2020, Trump arrasó como el favorito para medirse con el eventual aspirante demócrata a la presidencia. Contaba con el apoyo abrumador de su partido y se impuso con facilidad a los escasos republicanos que trataron de ganar la candidatura por su agrupación política, entre ellos Bill Weld, gobernador de Massachusetts entre 1991 y 1997, y el empresario Roque de la Fuente.

En el bando opuesto, el candidato demócrata Joe Biden se convirtió en el seguro nominado cuando Tulsi Gabbard, representante por Hawái y veterana de la guerra de Irak, suspendió su campaña presidencial el 19 de marzo y el socialista democrático Bernie Sanders, senador independiente por Vermont, hizo lo mismo el 8 de abril.

El 11 de agosto, Biden, que había afirmado que elegiría a una mujer como compañera de boleta, anunció oficialmente la selección de la senadora por California Kamala Harris, quien había aspirado a la presidencia. Kamala Harris, cuyo padre era de Jamaica y su madre de la India, fue fiscal general de California. Con la victoria en las elecciones, se convertiría en la primera mujer vicepresidenta de los Estados Unidos, y también la primera mujer afroamericana y asiático americana en ese cargo. Los contendientes de la batalla por el poder ejecutivo estaban decididos: Donald Trump y su vicepresidente, Mike Pence, en busca de la reelección, y Joe Biden y Kamala Harris dispuestos a conquistar el voto de los norteamericanos y recuperar la Casa Blanca para el Partido Demócrata.

Obama asesta un golpe devastador a la presidencia de Trump

Con su ecuanimidad habitual, y a la vez con la firmeza de la convicción, el ex presidente Barack Obama le propinó el miércoles 19 de agosto de 2020, por la noche, un golpe devastador al entonces ocupante de la Casa Blanca, Donald Trump. Fue durante la Convención Nacional Demócrata, que en 2020, debido a las medidas de urgencia tomadas por la amenaza del coronavirus, se realizó de manera virtual, en las pantallas de televisores, computadoras y dispositivos móviles.

En un discurso pronunciado desde la ciudad de Filadelfia, cuna de la Constitución, Obama hizo añicos el desempeño de Trump en la presidencia. Primero resumió las características que debe reunir un político electo para dirigir la democracia norteamericana: "esperaríamos que un presidente tenga un sentido de la responsabilidad por la seguridad y bienestar de los 330 millones que somos, sin importar cómo nos veamos, cómo recemos, a quién amemos, cuánto dinero tengamos o por quién hayamos votado".

Y continuó: "Pero también deberíamos esperar de un presidente que sea custodio de esta democracia. Deberíamos esperar que, sin importar el ego, la ambición o las creencias políticas, el presidente preservará, protegerá y defenderá las libertades e ideales por las que tantos estadounidenses marcharon y por los que fueron a prisión, por los que pelearon y murieron".

Después apuntó su artillería verbal directamente a Trump: "Nunca esperé que mi sucesor abrazaría mi visión o continuaría mis políticas. Sí esperé, por el bien del país, que Donald Trump mostraría algún interés en tomarse el trabajo en serio; que sentiría el peso del cargo y descubriría cierta reverencia por la democracia que fue puesta a su cuidado. Pero nunca lo hizo. Por casi cuatro años ya, no ha mostrado interés en ponerse a trabajar; ningún interés en encontrar un terreno común; ningún interés en usar el increíble poder de su cargo para ayudar a cualquier persona que no sean él mismo o sus amigos; ningún interés en tratar la presidencia como cualquier otra cosa que no sea un *reality show* que puede usar para recibir la atención que anhela".

Obama indicó que la labor de Trump al frente de la nación fue un fracaso grave. "No se ha adaptado al trabajo porque no puede –afirmó–. Y las consecuencias de ese fracaso son severas. 170 mil estadounidenses muertos. Millones de empleos desaparecidos, mientras que los que están arriba se llevan más que nunca. Nuestros peores impulsos desencadenados, nuestra orgullosa reputación en el mundo mermada gravemente y nuestras instituciones democráticas amenazadas como nunca antes".

Trump gobernó pensando sin cesar en su reelección y en el beneficio económico constante de su clase social. Sus políticas –secundadas por el Senado en manos republicanas– fomentaron un aumento escandaloso de las desigualdades en la sociedad norteamericana, donde el uno por ciento más rico de la población controla más de la mitad de la riqueza nacional. Permitió que el racismo y la xenofobia asomaran sin pudor su feo rostro. Propició un auge del supremacismo blanco, que es la base ideológica de movimientos extremistas como el neonazismo. Agravó las tensiones étnicas e intentó usar a la inmigración como chivo expiatorio para ocultar los males de un sistema condenado al fracaso, cuya salvación temporal solo es posible si se alivian sus inequidades intrínsecas.

Al inicio, Trump se negó a reconocer a la Covid-19 como una amenaza devastadora. Después, al aceptar la gravedad de la pandemia, su incapacidad o su falta de voluntad para trazar un plan nacional en respuesta al virus, causó que los Estados Unidos tuvieran medio millón de muertes al terminar su presidencia. Esa cifra trágica es la más alta de cualquier país, incluso de naciones con una población más numerosa, como la India (unos 160.000 fallecidos a fines de marzo de 2021) y China, con 4.636 muertes en esa fecha (sin ningún nuevo deceso en muchos meses) y solamente 161 casos activos.

La gestión presidencial de Trump polarizó a la sociedad norteamericana, enajenó a aliados importantes y dio lugar a la peor respuesta ante la Covid-19 en todo el mundo. Como dijo Obama en la Convención Nacional Demócrata, "las consecuencias de ese fracaso son severas". El 3 de noviembre de 2020, los electores pusieron fin a un desastre: el gobierno de Donald Trump.

Una agresión intolerable de partidarios de Trump

La campaña del candidato demócrata Joe Biden sufrió el viernes 30 de octubre de 2020 en Texas una agresión por parte de seguidores del presidente Donald Trump.

Un autobús de la campaña de Biden viajaba ese viernes de la ciudad tejana de San Antonio a la capital del estado, Austin, cuando en medio de la carretera interestatal 35 fue rodeado por decenas de camionetas con banderas de Trump. Los vehículos hicieron que el autobús –en el cual no iban Biden ni su compañera de boleta, la senadora por California Kamala Harris– tuviera que reducir su velocidad a unos 30 kilómetros por hora, y trataron de sacarlo de la autopista.

Desde el autobús llamaron al número telefónico de emergencia 911, y poco después acudieron varios policías, que lograron controlar la situación y llevar el autobús a un lugar seguro.

Por precaución, la campaña de Biden canceló el evento que estaba programado para ese día en Austin.

Mientras el domingo el FBI investigaba el incidente, el presidente Trump dijo que sus seguidores estaban protegiendo al autobús de la campaña de Biden, una afirmación difícil de creer. El sábado, Trump puso en la red social Twitter un video de la caravana de sus partidarios rodeando al autobús, y le agregó el siguiente comentario: "¡Amo a Texas!" Un comentario inusitado desde la Casa Blanca, la cual no debe ser

un baluarte de divisionismo, sino un faro de unidad para toda la
nación. Pero Trump, en vez de unir, dividía. En vez de fortalecer
la democracia, la debilitaba. En vez de abogar por la paz y la
convivencia, apoyaba la agresión.

Es imperdonable que respaldara –y no tan tácitamente– a
sus fanatizados seguidores que atacaron el autobús de la
campaña del candidato demócrata. Ese acto violento fue
un atentado a la democracia y una muestra alarmante del grado
de extremismo que profesan muchos simpatizantes de Trump.

Poco después, el martes 3 de noviembre, el mandatario
perdió la elección, pero se negó a aceptar la victoria de su rival,
Joe Biden. Trump había sembrado la duda en varias ocasiones
de que aceptaría el resultado de los comicios, con denuncias
infundadas de posibles fraudes con las boletas electorales, sobre
todo en la votación por correo, la más utilizada por los
demócratas.

El propio presidente de los Estados Unidos estaba
cuestionando un mecanismo esencial de la democracia: el voto.
Al mismo tiempo, atacó repetidamente a componentes
fundamentales del sistema democrático, como los medios
informativos. Esa actitud era nociva: podía colocar al país ante
un abismo político en el cual, en diversos momentos históricos,
otras naciones han rodado cuesta abajo.

El pueblo norteamericano y sus representantes en el gobierno
no podían permitir que elementos fascistas, azuzados y
aplaudidos por un presidente irresponsable, pusieran a la nación
en peligro de resbalar en el borde de un precipicio de
intolerancia, autoritarismo, injusticia y pérdida de libertades.

En la víspera de una elección histórica

Los Estados Unidos se jugaron el martes 3 de noviembre de
2020 su futuro en una elección de proporciones históricas.

El espíritu nacional estaba en la balanza, como bien sabían el candidato demócrata Joe Biden; su compañera de boleta, la senadora Kamala Harris, y sus seguidores. Fue una batalla por el alma de la nación.

El entonces presidente, Donald Trump, dio constantemente pruebas de su ineptitud para el cargo. Pero más terrible aún: durante sus cuatro años en la Casa Blanca sacó a flote el racismo, la xenofobia, el egoísmo, la insolidaridad entre los propios integrantes de la nación. Su discurso fue divisivo; en varias ocasiones dio un respaldo tácito –y a veces no tan tácito– al supremacismo blanco, y trató de crear una animosidad hacia los inmigrantes de América Latina, cerrándoles las puertas, negando solicitudes de asilo y separando a familias y a hijos de sus padres y madres tras cruzar la frontera con México. Ordenó internar a niños inmigrantes en campos de concentración; muchos de ellos no volverán a ver a sus padres. El muro que Trump estaba empeñado en levantar a todo lo largo de la frontera sur –dividiendo propiedades, dañando el medio ambiente, separando naciones y comunidades– era una muestra del nacionalismo exacerbado e irracional con el que trataba de mantener el apoyo de su base electoral, intolerante y chovinista como su caudillo.

Trump desdeñó a los países pobres de donde salen muchos inmigrantes, llamándolos "países de mierda" y desde su primera campaña presidencial, contra Hillary Clinton, se dedicó a insultar y menospreciar a la comunidad hispana y al vecino más cercano del sur, México, diciendo que enviaba a los Estados Unidos a criminales y violadores, pero que entre los inmigrantes había alguna gente buena. Ese desprecio no le ha impedido utilizar a inmigrantes indocumentados como trabajadores en sus negocios y propiedades. Si emplear a indocumentados es una violación de la ley, el propio presidente ha violado la ley.

En el plano internacional, disminuyó el papel protagónico de los Estados Unidos alejando e insultando a aliados tradicionales, como los miembros de la Unión Europea, y provocando una enemistad con China que no tiene ningún sentido. China no tiene pretensiones de hegemonía militar mundial, no ha invadido a ningún país, y su formidable desarrollo económico se debe en gran medida al afán de ganancia de los capitalistas occidentales, que invirtieron en el país asiático y trasladaron hacia allí sus fábricas para reducir costos de producción y mano de obra.

Trump anuló importantes protecciones del medio ambiente e intentó resucitar industrias contaminantes como el carbón. El cambio climático no es un "invento de los chinos", como dijo Trump una vez, para perjudicar a la economía norteamericana. El hecho de que en 2020 se formaron tantas tormentas y huracanes que se agotó la lista de nombres y los meteorólogos tuvieron que usar el alfabeto griego para denominar los ciclones, fue una señal de alarma frente a la crisis del clima, causada por la actividad humana.

Trump desmanteló la oficina gubernamental de control de epidemias, lo que impidió tomar medidas oportunas cuando la pandemia del Covid-19 saltó el Atlántico y llegó a suelo norteamericano. Desoyendo a los científicos, Trump intentó minimizar la epidemia, diciendo que no era más grave que la gripe estacional. Inicialmente hizo creer que la plaga era una conspiración contra su gobierno, y siempre ha llamado al Covid-19 el "virus chino". Cierto: el coronavirus apareció en la ciudad china de Wuhan, pero contra lo que creen muchos seguidores de Trump, no hay evidencias de que se haya producido en un laboratorio. Por otra parte, los acertados pasos que dio el gobierno chino para contener la epidemia debieron haber servido de ejemplo.

Trump no trazó un plan nacional contra la pandemia, e incluso politizó el uso de protecciones como las mascarillas, no usándolas en público casi nunca y organizando reuniones multitudinarias de sus partidarios en las cuales nadie llevaba mascarilla ni guardaba los seis pies de distanciamiento social indicados por los expertos para protegerse del contagio. Trump fue responsable de que la epidemia se descontrolara en los Estados Unidos, y que la respuesta del gobierno a la crisis sanitaria estuviera entre las peores del mundo, una vergüenza para el país que se jacta de ser el más desarrollado del planeta.

Uno de los principales objetivos de Trump en la Casa Blanca fue desmontar el legado de su antecesor en el cargo, el presidente Barack Obama. Sobre todo la Ley de Cuidado de la Salud A Bajo Precio, el plan de salud conocido como Obamacare, que dio atención sanitaria a millones de personas que antes no podían acudir a una consulta médica por no tener un seguro. En un nuevo período en la presidencia, Trump habría hecho lo posible por eliminar el Obamacare, dejando a millones de personas sin cuidados de salud, sin ofrecer ninguna alternativa para los que no pueden pagar el abusivo costo de un seguro médico privado.

En 2017, Trump logró una reforma fiscal que dio una gran rebaja de impuestos a los ricos y a las grandes empresas, y una rebaja menor al resto de la población. Muchos defensores del presidente señalaron la reducción tributaria como una de las razones de su apoyo, pero olvidaron que las rebajas a las grandes corporaciones son permanentes, mientras las de los individuos terminan en 2026. Trump está en contra de una concepción clasista de la sociedad, pero él sí tiene conciencia de la clase a la que pertenece y a la que sabe beneficiar.

En víspera de la elección, Joe Biden aventajaba sólidamente a Donald Trump en las encuestas nacionales y en la gran mayoría de los estados. El sondeo de NBC News/*The Wall Street Journal* le dio al candidato demócrata una ventaja de 10 puntos: el 52 por ciento del electorado a favor de Biden frente al 42 por ciento por Trump. La ventaja debió haber sido mucho mayor, pero al menos fue suficiente para darle la victoria al aspirante demócrata. Arrogancia, discriminación, irresponsabilidad administrativa frente a crisis como la epidemia del coronavirus, y aumento escandaloso de las fortunas de los ricos a expensas de los trabajadores fue lo que Trump llevó a la Casa Blanca y lo que ofrecía si hubiera sido reelecto. Esa era su verdadera plataforma electoral.

Su rival Joe Biden representaba una alternativa salvadora a cuatro años de desastres de Trump. El cuidado de la salud para todos, un plan económico más sólido, más beneficios para los trabajadores, la igualdad racial, étnica y de género, el combate contra la discriminación, la protección del medio ambiente, la lucha contra el cambio climático y la colaboración y la amistad internacional fueron puntos de primer orden en la agenda de Biden. Esos puntos constituyen rasgos esenciales del alma de la nación, los fundamentos de un futuro cercano igualitario y solidario que los Estados Unidos –y todos los pueblos del mundo– se merecen y deben tener. En la elección del martes 3 de noviembre, los votantes libraron una batalla por el alma nacional y decidieron el avance hacia ese futuro luminoso.

El voto por correo decidió la suerte de la nación

En la Casa Blanca, muy tarde en la noche, pasadas las dos de la mañana del miércoles 4 de noviembre, el presidente Donald Trump dio un breve discurso a la nación en el que declaró su victoria, aunque el conteo de los votos todavía no había concluido.El salón de la mansión presidencial estaba lleno de funcionarios e invitados, que esperaban pacientemente a un mandatario que tardaba en aparecer. Primero, a través de una puerta tras la cual solo había oscuridad, emergió un asistente, que arregló el micrófono colocado en una tribuna. Después salieron familiares de Trump, entre ellos su hija Ivanka. Luego, al cabo de unos segundos que parecían interminables, el presidente, acompañado por su esposa, Melania, cruzó la puerta y entró en el salón.

Trump no perdió tiempo en declararse ganador, a pesar de que en varios estados el conteo de votos aún no había terminado y a pesar de que faltaban por contar muchos miles de boletas enviadas por correo, en su mayoría de votantes demócratas. Criticó de nuevo la cuenta de los votos en ausencia y volvió a amenazar con llevar la elección a los tribunales. Pensaba que tenía asegurada la lealtad del Tribunal Supremo, decididamente escorado a estribor con el nombramiento de la jueza conservadora Amy Coney Barrett, a quien los republicanos del Senado confirmaron a la carrera a pocos días de la elección presidencial. De cualquier modo, la realidad es que, en esa hora de la madrugada, el candidato demócrata Joe Biden superaba a Trump tanto en el voto popular como en los votos de los colegios electorales. Incluso en la mañana del miércoles, el voto del colegio electoral favorecía a Biden, 238 a su favor frente a 213 para Trump.

Cierto: fue una elección muy reñida, pero ya ese miércoles, cuando aún faltaban por contar las boletas por correo y de la votación anticipada en estados de gran peso electoral, se podía predecir la victoria de Biden si triunfaba en Hawái (una victoria que ya estaba prácticamente asegurada), en Nevada, en Wisconsin y en Michigan, que ya se inclinaban por el demócrata. Así ocurrió.

¡Joe Biden ganó!

Los Estados Unidos tuvieron un nuevo presidente, el demócrata Joe Biden, el sábado 7 de noviembre de 2020. Ese día, temprano en la mañana, en el conteo de las boletas del sufragio, Biden superó la cantidad de votos electorales necesaria para convertirse en el presidente número 46 de los Estados Unidos, y la senadora Kamala Harris en la primera mujer vicepresidenta de la nación.

Los demócratas recibieron un gran regalo en la mañana del viernes 6 de noviembre, cuando las cifras en el estado de Georgia, con 16 votos electorales, y más tarde en el de Pensilvania, con 20, cambiaron para favorecer a Biden mientras seguía el conteo de los últimos votos por correo.

Entretanto, viendo acercarse su derrota, el presidente Donald Trump mantenía su exigencia de suspender el conteo de votos y sus denuncias infundadas de fraude, mientras movilizaba a sus seguidores para que siguieran protestando contra el sistema electoral. Trump había estado mintiendo y no había presentado una sola prueba de fraude, sencillamente porque no hubo fraude.

El sábado 7 de noviembre, en la mañana, Pensilvania declaró la victoria electoral de Biden, y unas horas después, Nevada hizo lo mismo.

Durante dos días, Trump guardó un inesperado silencio en su red social favorita, Twitter, el silencio de la derrota. El sábado, su asesor Rudolph Giuliani dio una conferencia de prensa en Filadelfia en la que afirmó que en esa ciudad de Pensilvania se había cometido un fraude escandaloso con las boletas enviadas por correo, que esa urbe de mayoría demócrata tenía un largo historial de corrupción, y varias mentiras y difamaciones más. Giuliani, que hizo un papel aceptable hace años como alcalde de la ciudad de Nueva York, inexplicablemente se convirtió en un payaso político, con un discurso incoherente y sin presentar la menor prueba de sus acusaciones infundadas.

Trump debió haber mostrado un mínimo de decencia y reconocer su aplastante derrota. Debió dejar de seguir polarizando al pueblo norteamericano con su retórica divisiva y sus mentiras. Ya era hora de que aceptara que había perdido las elecciones, que pronunciara un discurso conciliador, a favor de la concordia nacional, y que empezara a preparar el traspaso de la presidencia a Joe Biden, el 46° presidente de los Estados Unidos.

La derrota de Trump

En las elecciones de 2020, el candidato demócrata, Joe Biden, ganó los votos electorales de los estados y también el voto popular: Biden recibió 306 votos electorales –36 más de los necesarios para ganar la presidencia– y Trump 232. En la votación general de toda la nación, Biden tuvo 81.283.485 votos frente a 74.223.744 de Trump, es decir, 7.059.741 votos más. El presidente electo Joe Biden ganó la mayoría de los votos electorales de los estados y la mayoría del total nacional de votos individuales. ¡Doble victoria!

Como había estado indicando durante la campaña electoral, Trump no estaba dispuesto a admitir su derrota. Mucho antes de la elección del 3 de noviembre, aseguró repetidamente que se planeaba un fraude a gran escala con las boletas enviadas por correo, y que él no lo iba a aceptar.

Trump utilizó asimismo otra estrategia contra su contrincante demócrata. El 25 de mayo de 2020, en Minneapolis, el policía Derek Chauvin asesinó al afroamericano George Floyd, asfixiándolo al aplastarle el cuello con la rodilla. Ese crimen brutal causó un estallido de protestas en muchas ciudades. Aunque la mayoría de las manifestaciones fueron pacíficas, hubo saqueos e incendio de negocios. La policía reprimió ferozmente muchas protestas. En Minneapolis, durante una manifestación el 27 de mayo, la fotoperiodista Linda Tirado perdió el ojo izquierdo cuando un policía le disparó una bala de goma a la cara. Tirado culpó de su tragedia a un sistema que "permite a la policía disparar impulsada por el racismo y atacar a las multitudes y a los periodistas, sin rendir cuentas".

Una de las consignas repetidas por los manifestantes era que se redujeran los fondos asignados a los departamentos de policía (*defund the police*), una reacción a los numerosos casos de brutalidad policial y de racismo incrustado en las agencias de la ley. Trump y sus asesores utilizaron de inmediato las revueltas y las peticiones de reducir el presupuesto de la policía para acusar a los demócratas de querer llevar el caos al país e imponer un sistema socialista. Varios anuncios de la campaña de Trump afirmaban que Biden y su compañera de boleta, Kamala Harris, estaban al servicio de grupos socialistas radicales; los anuncios concluían con la voz de Trump diciendo: "Yo apruebo este mensaje". Por supuesto, ni Trump ni los suyos denunciaron en ningún momento los frecuentes casos de brutalidad policial. Tampoco les importó mentir: Biden y Harris no son socialistas.

El 24 de septiembre, Trump presidió un homenaje en la Casa Blanca a los veteranos de la invasión de Bahía de Cochinos, organizada en abril de 1961 por el gobierno de los Estados Unidos y llevada a cabo por una brigada de exiliados cubanos entrenados en Centroamérica. El objetivo del desembarco en Cuba era derrocar al gobierno de Fidel Castro. La invasión, como se sabe, fracasó. David Brooks apunta en un artículo publicado en el diario mexicano *La Jornada* que el propósito del homenaje en la Casa Blanca era en realidad ganar votos en la Florida, un estado clave para la elección presidencial. "Los valientes veteranos que hoy están aquí son testigos de cómo el socialismo, las turbas radicales y comunistas violentas arruinan una nación", dijo Trump en el evento, antes de afirmar: "Ahora el Partido Demócrata está desatando el socialismo, aunque dentro de nuestro hermoso país".

El mensaje contra el socialismo surtió efecto, sobre todo entre electores de regiones como el Sur de la Florida, donde hay una numerosa población de cubanos, nicaragüenses y venezolanos que emigraron a los Estados Unidos por rechazo al socialismo en sus países. El apoyo de estos inmigrantes fue decisivo para que Trump recibiera los 29 votos electorales de la Florida. "Los Estados Unidos jamás serán socialistas o comunistas", proclamó Trump en repetidas ocasiones.

Al mismo tiempo, la acusación contra los demócratas de provocar revueltas y anarquía fortaleció el respaldo a Trump e incluso le ganó votos entre personas que anteriormente no apoyaban su reelección o que no estaban seguras de por quién votarían. El 2 de junio de 2020, mientras la policía dispersaba con gases lacrimógenos y balas de goma a cientos de personas que protestaban pacíficamente frente a la Casa Blanca, Trump se proclamó como "el presidente de la ley y el orden" en un discurso pronunciado en el Jardín de las Rosas de la mansión presidencial. En ese mismo evento, amenazó incluso con desplegar al Ejército para reprimir las protestas por el asesinato de Floyd.

A la vez, Trump mantenía su campaña contra los votos enviados por correo, repitiendo sus acusaciones infundadas de que se tramaba un fraude descomunal para arrebatarle la reelección. "No hay manera (¡cero!) de que las boletas por correo sean menos que esencialmente fraudulentas. Van a robar buzones, a falsificar papeletas y hasta a imprimirlas ilegalmente y firmadas de manera fraudulenta", escribió Trump en un tuit en la red social Twitter el 23 de mayo, sin aportar ninguna prueba de sus afirmaciones. Twitter marcó ese tuit y otro más que puso Trump como conteniendo mensajes falsos o engañosos que perjudican al público.

Trump amenazó ese mismo día con regular o hasta cerrar las redes sociales porque, según afirmó, censuraban a los republicanos, lo cual tampoco era cierto. La realidad es que los líderes demócratas estimularon en 2020 la votación por correo con el objetivo de evitar la propagación del Covid-19. Votar por correo es legal en los Estados Unidos desde la Guerra Civil, en el siglo XIX, cuando se permitió a los soldados que estaban en el frente de batalla que votaran en ausencia en las elecciones. El propio Trump ha usado varias veces la votación por correo: en las primarias republicanas de la Florida en 2020, en las elecciones al Congreso en 2018 y en la elección a la alcaldía de Nueva York en 2017.

Trump sabía que muchos demócratas, conscientes de la gravedad de la pandemia y de su alto nivel de contagio, iban a votar por correo para evitar la aglomeración en los sitios de votación el día de la elección, mientras los republicanos, siguiendo el ejemplo de su líder de desdeñar la epidemia, iban a votar mayoritariamente en persona y el mismo día del sufragio. Por lo tanto, desde mucho antes del 3 de noviembre Trump trató de deslegitimar el voto en ausencia, una decisión irresponsable con la que socavaba el sistema electoral, la base de la democracia.

El 23 de septiembre de 2020, en una conferencia de prensa, Trump se negó a comprometerse a realizar una transición pacífica en caso de que perdiera la elección presidencial. "Tendremos que ver qué pasa", dijo el mandatario.

Lo que pasó fue que perdió la elección. Pero había estado preparando el terreno para impugnar los resultados de la votación; no reconoció su derrota, se declaró ganador la noche del 3 de noviembre, el mismo día de la elección, e inmediatamente ordenó a sus abogados que lanzaran una lluvia de demandas por fraude electoral en estados decisivos donde perdió cuando se contaron los votos por correo: Michigan, Pensilvania, Arizona, Nevada y Georgia. Sin embargo, el equipo de abogados de Trump no pudo exhibir pruebas de fraude, y las dudosas evidencias que presentó no tenían el potencial de cambiar el resultado en esos estados.

El equipo de Trump mencionó las denuncias de un empleado del Servicio de Correos, Richard Hopkins, de la ciudad de Erie, en el estado de Pensilvania, quien dijo que su supervisor había alterado boletas electorales enviadas después de la elección, para que se pudieran contar. Pero más tarde, interrogado por investigadores del Servicio de Correos, Hopkins dio marcha atrás y admitió que la denuncia era falsa. La única evidencia de fraude en la elección de Pensilvania, señaló el vicegobernador del estado, John Fetterman, fue la de un hombre que trató de usar la boleta de su difunta madre para darle un voto más a Trump.

Numerosos funcionarios y políticos, entre ellos algunos republicanos, reconocieron la validez de las elecciones. El 12 de noviembre, una coalición de agencias gubernamentales de supervisión de las elecciones y expertos del sector –entre ellas la Agencia de Ciberseguridad y Seguridad de Infraestructura (CISA por sus siglas en inglés), perteneciente al Departamento de Seguridad Nacional– se unió a los funcionarios electorales al negar la existencia de un fraude. "La elección del 3 de noviembre fue la más segura en la historia norteamericana", manifestaron los miembros del grupo de supervisión electoral.

Y añadieron: "No hay pruebas de que algún sistema de votación haya eliminado o perdido votos, cambiado votos o estuviera en alguna componenda".

Más adelante, el 17 de noviembre, en un acto de represalia, Trump despidió a Christopher Krebs, director de la CISA, por haber desestimado las infundadas acusaciones de fraude lanzadas por el presidente saliente y sus abogados.

El 12 de noviembre, el mismo día en que los expertos en seguridad electoral desmintieron a Trump, el ex presidente Obama criticó a los republicanos por apoyar en su mayoría las falsas denuncias de fraude presentadas por Trump y su equipo. Obama dijo que el motivo de crear desconfianza en el proceso electoral era claro: "Es un paso más para deslegitimizar no solo el próximo gobierno de Biden, sino la democracia en general. Y ese es un camino peligroso", advirtió Obama.

Sin embargo, la teoría infundada de que Trump fue víctima de una conspiración demócrata para impedir su reelección cobró fuerza entre sus partidarios. Según una encuesta de Político/Morning Consult, el 70 por ciento de los republicanos creía que la elección no fue "libre ni justa".

La intolerancia, el fanatismo político y el culto a la personalidad de su líder, Donald Trump, llegaron a caracterizar a un gran número de republicanos, que creían con devoción casi religiosa las falsas noticias que su caudillo difundía a diario para beneficio propio.

Los Estados Unidos se colocaron en una encrucijada peligrosa y decisiva para su futuro. Trump podía haber aliviado la extrema polarización nacional y calmar el fanatismo de sus seguidores reconociendo la victoria de Biden en la elección y procurando fomentar la concordia en el país, como prometió el presidente electo. Pero su vanidad, su arrogancia y quizá la posibilidad de enfrentar problemas financieros y legales al irse de la Casa Blanca lo hicieron aferrarse a la presidencia.

No obstante, el 12 de noviembre de 2020, Trump dio un indicio de que finalmente iba a ceder ante la realidad. Emily Murphy, directora de la Administración de Servicios Generales (GSA) –la división del gobierno a cargo de facilitar el traspaso de poder en la Casa Blanca–, se había negado a iniciar el proceso de cambio y liberar los fondos necesarios, por lo cual el equipo de Biden no pudo reunirse inicialmente con funcionarios del gobierno de Trump para coordinar la transición. Tanto la negativa de Trump a reconocer la victoria de Biden como la posición de Murphy no tienen precedentes en la historia moderna de los Estados Unidos. Pero el lunes 23 de noviembre, Murphy dio un giro y anunció en una carta a Biden que el gobierno estaba listo para iniciar formalmente el proceso de transición. En una respuesta a la decisión de la GSA, Trump escribió en Twitter: "Nuestro caso continúa FUERTEMENTE, continua-remos con la buena … lucha, ¡y creo que prevaleceremos! Sin embargo, en el mejor interés de nuestro país, recomiendo que Emily y su equipo hagan lo que sea necesario con respecto a los protocolos iniciales, y le he dicho a mi equipo que haga lo mismo". Parecía estar admitiendo tácitamente la victoria de Biden y aceptando la transición presidencial.

Sin embargo, siguió afirmando que en las elecciones se había cometido fraude y siguió presentando demandas, con la intención de revertir los resultados de la votación en diversos estados. Todas las demandas fueron desestimadas por los tribunales. Incluso el secretario de Justicia, William Barr, nombrado por Trump al cargo, dijo el 1 de diciembre que no se había encontrado ninguna evidencia de fraude que pudiera cambiar el resultado de la elección. Afrontando la hostilidad de Trump, Barr anunció el 14 de diciembre que renunciaba a su puesto.

Una de las últimas jugadas de Trump por quedarse en el poder cuatro años más, en contra de la voluntad de la mayoría de los votantes, comenzó el 8 de diciembre de 2020. Ese día, el secretario de Justicia del estado de Texas, el republicano

Ken Paxton, anunció que Texas estaba demandando ante el Tribunal Supremo de la nación a los estados de Georgia, Michigan, Pensilvania y Wisconsin, acusándolos de implementar procedimientos ilegales en las elecciones durante la pandemia del Covid-19.

En total, los cuatro estados demandados tenían un total de 62 votos electorales. El presidente electo Biden recibió 306 votos electorales –36 votos más de los necesarios para ganar la presidencia– y Trump 232. La demanda de Texas fue posiblemente el último intento de los partidarios de Trump de revertir los resultados de los comicios, después que sus demandas en otros estados fueron desestimadas por falta de pruebas de fraude electoral.

La maniobra estaba clara: Trump y sus aliados querían llevar el caso al Tribunal Supremo, donde los jueces conservadores son mayoría gracias a nombramientos realizados por Trump, entre ellos el de la jueza Amy Coney Barrett, confirmada a la alta corte apenas un mes antes de la elección, rompiendo la tradición de no elegir a un magistrado al Tribunal Supremo tan cerca de una elección presidencial. Trump y su gente esperaban que el tribunal de mayoría conservadora escuchara la demanda de Texas y decidiera a su favor.

Pero el 11 de diciembre, el Tribunal Supremo rechazó la demanda por completo, echando por tierra las esperanzas de Trump de seguir ocupando la Casa Blanca otros cuatro años.

La terquedad del magnate convertido en presidente tuvo consecuencias nefastas. En diversos estados donde Biden ganó la elección, funcionarios electorales recibieron amenazas y sufrieron acoso. El 5 de noviembre, partidarios de Trump –algunos de ellos exhibiendo armas de fuego– acudieron a la casa de la secretaria de Estado de Michigan, Jocelyn Benson, para protestar por la elección y la llamaron "traidora" y "criminal". En noviembre, seguidores de Trump se reunieron frente a las oficinas de funcionarios electorales en el estado de

Georgia, organizaron protestas en Arizona en las que participaron personas armadas, y amenazaron en mensajes telefónicos a supervisores de elecciones en distintas partes del país. Trump estaba empecinado en quedarse en la presidencia, y su tozudez fue nociva.

El 14 de diciembre, el Colegio Electoral reafirmó la victoria de Biden, ratificando sus 306 votos electorales frente a los 232 de Trump. Fue la misma cantidad de votos con que Trump derrotó a Hillary Clinton en los comicios de 2016. En ese momento, Trump dijo que su victoria había sido abrumadora, un "*landslide*". El hecho de que Biden le ganara con la misma cantidad de votos electorales demostró que la historia no carece de un sentido de la ironía.

Pero mientras Trump no le ganó a Hillary en los votos generales de toda la nación, el llamado voto popular, Biden lo derrotó también en ese terreno, al acumular 81.283.485 frente a 74.223.744 de Trump, o sea, 7.059.741 votos más.

El verdadero *landslide*, el triunfo arrollador, fue la victoria de Biden, que ganó el voto popular y también el del Colegio Electoral.

Poco después de las 5:30 de la tarde del lunes 14 de diciembre, cuando California asignó sus 55 votos electorales a Biden, el presidente electo pasó la línea de 270 votos electorales, los necesarios para ser declarado oficialmente como el próximo presidente.

Tras la votación del Colegio Electoral, Biden pidió a la nación que pasara la página. Biden planteó en su discurso su prioridad de luchar contra el Covid-19 mediante la vacunación y de reparar los daños que la plaga ha causado a la economía nacional. "En esta batalla por el alma de Estados Unidos, prevaleció la democracia", dijo Biden. "Nosotros, el pueblo, votamos. Se mantuvo la fe en nuestras instituciones. La integridad de nuestras elecciones permanece intacta. Por eso, ahora es el momento de pasar página. Unirnos. Sanar".

El miércoles 15 de diciembre, un día después de la votación del Colegio Electoral, el presidente del Senado, Mitch McConnell, republicano por Kentucky, reconoció por primera vez la victoria de Biden, lo felicitó por su triunfo y dijo que el Colegio Electoral "ha hablado".

Pero aun después que el Colegio Electoral certificó los resultados de la elección a favor de Biden, Trump se mantenía renuente a reconocer que había perdido. Siguió dirigiéndose a su base de apoyo con afirmaciones grandilocuentes sobre su falsa victoria, y siguió reuniéndose con representantes y senadores republicanos dispuestos a objetar el resultado de la elección. El 2 de enero de 2021, llegó al extremo de presionar y amenazar en una llamada telefónica al secretario de Estado de Georgia, el republicano Brad Raffensperger, para que revirtiera su derrota en ese estado cambiando el conteo de los votos. Raffensperger se negó. La llamada de Trump debió haberle causado problemas legales por presionar y amenazar a un funcionario público y atentar contra el proceso electoral y la democracia.

De todas formas, las maniobras de Trump fueron inútiles para su empeño de mantenerse en la Casa Blanca. La votación del Colegio Electoral fue decisiva, y el reconocimiento por McConnell, el jefe de los republicanos en el Senado, del triunfo de Biden, sellaron la derrota de Trump.

Indultos controversiales

Entre las elecciones de noviembre de 2020 y su salida de la Casa Blanca, Trump emitió una racha de indultos a individuos que cumplían penas de prisión o habían sido sentenciados por diversos delitos. Entre ellos: su amigo Roger Stone, condenado, entre otras infracciones, por mentir al Congreso; Charles Kushner, el padre de Jared Kushner, el yerno del Trump, que había cumplido condena hacía más de diez años por evasión de impuestos y otros delitos; Paul Manafort, jefe de la campaña de

Trump en 2016, preso por conspiración y obstrucción de la justicia; George Papadopoulos, asistente de la campaña de Trump de 2016, culpable de mentir a los investigadores sobre la injerencia rusa en las elecciones de 2016; Duncan Hunter, ex congresista republicano de California, sentenciado a 11 meses de cárcel por usar 200.000 dólares de fondos de su campaña política para fines personales; y Michael Flynn, exasesor de Seguridad Nacional de Trump, en la mira del FBI durante la investigación sobre la injerencia de Rusia y también por su cabildeo secreto a favor del gobierno de Turquía. Entre los perdones presidenciales se destacó el indulto a cuatro guardias de la empresa de servicios militares y de seguridad privados Blackwater, Nicholas Slatten, Paul Slough, Evan Liberty y Dustin Heard, condenados por un jurado federal en 2014 por matar injustificadamente a 14 civiles iraquíes y herir a otros 17 en una plaza de Bagdad. Según la sentencia, los cuatro guardias abrieron fuego contra los civiles desarmados sin que mediara ninguna provocación. Un dato curioso: el fundador de la empresa Blackwater, Erik Prince, es hermano de la secretaria de Educación en el gobierno de Trump, la multimillonaria Betsy DeVos.

¿Qué perseguía Trump con estos indultos controversiales? Salvar a sus amigos caídos en desgracia, desde luego, y también complacer a su base electoral de apoyo perdonando a individuos con los cuales muchos seguidores del mandatario saliente podrían simpatizar.

En sus últimos días en la Casa Blanca, Trump se burló del sistema de justicia del propio país que dirigió. Y ya lo había hecho antes: por ejemplo, en febrero de 2020, perdonó a Judith Negrón, una mujer de la ciudad de Hialeah, en la Florida, condenada a 35 años de cárcel –de los cuales cumplió ocho– por un fraude al sistema estatal de salud Medicare por 205 millones de dólares. En todo caso, a menos de un mes de su salida de la presidencia, Trump aún no aceptaba la victoria de su adversario demócrata, Joe Biden. Y estaba saboteando con todos los medios a su alcance el traspaso pacífico y civilizado del poder.

El día que invadieron el Capitolio

La democracia norteamericana sufrió una agresión impensable el 6 de enero de 2021, cuando una turba de seguidores del presidente saliente Donald Trump invadió el Capitolio de Washington. Su objetivo: impedir que el Senado y la Cámara de Representantes ratificaran la victoria de Joe Biden. Miles de partidarios de Trump, entre ellos miembros del agresivo grupo de supremacistas blancos conocidos como los Proud Boys (Chicos Orgullosos), se congregaron en Washington la mañana del 6 de enero para escuchar las palabras de Trump. El presidente republicano, en su discurso, insistió en la mentira de que había habido un enorme fraude electoral y que le habían robado la elección. "Nuestro país ya está harto y no vamos a seguir soportándolo", dijo Trump. "Tienen que luchar bien duro", agregó.

Poco después de la 1 p.m., cientos de seguidores de Trump embistieron las barreras colocadas para proteger el Capitolio, se enfrentaron a la policía e irrumpieron a la fuerza en la sede del Poder Legislativo, escalando un muro y rompiendo ventanas para entrar en el recinto.

La policía del Congreso evacuó a los legisladores, que se habían reunido el 6 de enero para certificar la victoria de Biden y examinar las objeciones al resultado de la elección. La horda de partidarios de Trump invadió violentamente los salones del Congreso y vandalizó oficinas de legisladores, entre ellas la de Nancy Pelosi, presidenta de la Cámara de Representantes. La acción dejó un penoso saldo de cinco muertos, entre ellos una mujer, y varios heridos.

A las 3 de la tarde, la policía logró sacar a los agresores del recinto del Senado, y a las 5:40 p.m. el Capitolio estaba libre de invasores. Se realizaron en esa tarde más de 50 arrestos.

Poco después, las dos Cámaras reanudaron su labor, con elocuentes discursos de legisladores de ambos partidos en defensa de la democracia y contra los actos de violencia e intimidación. Senadores republicanos que pensaban presentar objeciones a la votación cambiaron de postura después de la invasión del Capitolio y retiraron sus quejas. Pero pasadas las doce de la noche, durante el conteo de los votos electorales de cada estado, se presentaron objeciones a la elección en el estado de Pensilvania y se llevó a cabo un debate. Al final, la objeción se desestimó y la Cámara y el Senado ratificaron a Joe Biden como presidente electo y a Kamala Harris como vicepresidenta electa.

Antes de la irrupción del 6 de enero, el Capitolio solo había sido invadido una vez: el 24 de agosto de 1814, cuando soldados británicos tomaron Washington y quemaron la sede del Poder Legislativo y la Casa Blanca. Esa vez, la agresión provino del exterior, del imperio que había perdido sus 13 colonias en América del Norte y deseaba recuperarlas. Pero ahora, el enemigo venía de adentro: una horda de agresivos seguidores de Trump, que invadieron violentamente el Capitolio –en el mejor estilo fascista– para impedir la confirmación democrática de la victoria electoral de Biden. El discurso que Trump les dirigió en la mañana del 6 de enero fue el último impulso que necesitaron para irrumpir en los salones de la Legislatura.

Trump incitó el ataque al proceso democrático del propio país que dirigió durante cuatro años. Tardó horas en responder a la acción terrorista de sus seguidores contra el Capitolio, y cuando por fin lo hizo, anunciando el envío de la Guardia Nacional para restaurar el orden y pidiendo a sus partidarios que se fueran, repitió sus infundadas denuncias de fraude electoral. "Los queremos", dijo a los amotinados en un video. "Ustedes son muy especiales". Las redes sociales Facebook y Twitter suspendieron las cuentas de Trump, explicando que lo hacían para evitar más incitaciones a la violencia.

El legado de Trump

La retórica divisionista que Trump utilizó desde su primera campaña a la presidencia, en 2015, alcanzó un nuevo nivel, más estridente y peligroso, tras su derrota en las elecciones de noviembre de 2020. Patológicamente incapaz de aceptar su fracaso, se negó a admitir el triunfo de Biden y repitió a toda hora que se había cometido un fraude descomunal en las elecciones.

Su equipo de abogados, encabezado por Rudolph Giuliani, presentó una lluvia de demandas destinadas a revertir el resultado de la elección. Pero las autoridades electorales de los estados cuestionados, los tribunales –incluido el Tribunal Supremo– y el Departamento de Justicia rechazaron las demandas al no encontrar ninguna evidencia de fraude.

Sin embargo, Trump y su equipo no cesaron de repetir la mentira del fraude en las elecciones, una mentira que enardeció a sus partidarios hasta el punto de intentar la toma del Capitolio, en un episodio sin precedentes en la historia de los Estados Unidos.

El Congreso ratificó la victoria de Joe Biden y confirmó la toma de posesión de su cargo el 20 de enero al mediodía, como establece la Constitución. Después de la frustrada intentona golpista del 6 de enero, Trump prometió transferir la presidencia el 20 de enero, pero mantuvo su actitud desafiante al seguir afirmando que le habían robado la elección.

Trump y el movimiento fascista que ha creado en torno a su figura, y que tiene como eje un nacionalismo extremista y racista, se dedicarán a sabotear el gobierno de Biden con las herramientas que mejor saben utilizar: la mentira, la difamación, la violencia, la amenaza.

El 6 de enero de 2021, el fascismo exhibió su feo rostro en la capital norteamericana con el frustrado intento de golpe de Estado. La gran mayoría de los norteamericanos –demócratas y republicanos por igual– vio con horror cómo una horda de fanáticos seguidores de Trump lanzaba un ataque terrorista contra un templo de la democracia, mientras el mundo entero observaba con asombro un drama sin precedentes en la historia estadounidense. De pronto se hizo muy visible que contener la amenaza de ese fascismo era –es– una misión urgente para la supervivencia de la democracia en los Estados Unidos.

Al parecer, Trump no advirtió que su obstinación en no admitir su derrota y tratar de revertir los resultados de la elección será otra mancha más sobre su desastroso legado, su "legado envenenado", como lo describió el médico y escritor argentino César Chelala, residente de Nueva York. Peor aún: al insistir en un fraude en los comicios que en realidad no existió, al negarse a reconocer al ganador en la elección, Joe Biden, en una negativa porfiada y sin precedentes en la historia de las transiciones presidenciales norteamericanas, Trump estimuló el fanatismo político entre sus acciones y allanó el camino a la invasión del Capitolio.

El 20 de enero, rompió con una tradición de siglo y medio y no se quedó en Washington para traspasar el poder al nuevo presidente, Joe Biden. Su esposa, Melania, también ignoró la tradición al no recibir a la doctora Jill Biden, la nueva primera dama, en la Casa Blanca. Alrededor de las nueve de la mañana de ese día, Trump, acompañado por su esposa, pronunció ante un puñado de seguidores un breve discurso demagógico en la base aérea Andrews, en el cual exageró o mintió sobre los logros de su administración e indicó: "Regresaremos de alguna forma". La amenaza de un retorno se mantenía latente. Poco después, Trump y Melania tomaron por última vez el Air Force One, el avión presidencial, y partieron hacia su residencia en Mar-a-Lago, en el condado floridano de Palm Beach. La era de Trump en la Casa Blanca llegaba a su fin.

Con su actitud nociva, Trump puso en tela de juicio el sistema electoral sobre el que se fundamenta la república estadounidense y el propio sistema democrático que forma el alma nacional. Esa alma nacional por la que los vencedores en el sufragio, el presidente Joe Biden y la vicepresidenta Kamala Harris, se dispusieron a librar una dura batalla con entereza y tenacidad, después que la mayoría de los votantes norteamericanos le indicaron claramente a Trump: ¡Estás despedido!

La tarea de Biden

El presidente de los Estados Unidos, Joe Biden, entró en acción, sin perder un segundo, el mismo día en que ocupó su cargo, el 20 de enero de 2021. Como dicen en inglés, Biden *hit the ground running*, o sea, tocó tierra corriendo, una frase cuyo origen muchos atribuyen a la orden que recibían los paracaidistas en la Segunda Guerra Mundial: empezar a combatir en cuanto pusieran los pies en el suelo.

Ese día, Biden firmó 17 órdenes ejecutivas para revertir muchas medidas tomadas por su antecesor en la Oficina Oval, Donald Trump.

Entre esos decretos estaban:

-La orden de usar mascarillas y mantener el distanciamiento social en edificios públicos, con el fin de evitar el contagio del Covid-19.

-Regresar al Acuerdo de París, después que Trump irresponsablemente sacó a los Estados Unidos de ese convenio mundial contra el cambio climático.

-Mantener a los Estados Unidos en la Organización Mundial de la Salud (OMS), revirtiendo la decisión de Trump de abandonar esa entidad internacional. El doctor Anthony Fauci, el principal especialista en enfermedades infecciosas de los Estados Unidos, está al frente de la delegación norteamericana a la OMS.

-Biden también anuló la prohibición de entrada a los Estados Unidos de personas de siete países de mayoría musulmana, ordenada por Trump en los inicios de su mandato.

En materia de inmigración, Biden también envió al Congreso un proyecto de ley para ofrecer un camino a la ciudadanía estadounidense a 11 millones de inmigrantes indocumentados. Ordenó mantener el programa de Acción Diferida para los Llegados en la Infancia (DACA), que protege de la deportación a los Soñadores, los inmigrantes traídos cuando eran niños a los Estados Unidos por sus padres. Y detuvo la construcción del muro en la frontera con México, que se había convertido en un emblema infame del gobierno de Trump.

Biden, en efecto, tocó tierra corriendo. Su mayor prioridad era detener la epidemia del coronavirus, que se ha ensañado en los Estados Unidos porque Trump nunca trazó un plan nacional contra la amenaza, no tenía ningún plan de distribución de vacunas e incluso trató de minimizar el peligro de la enfermedad. En marzo de 2021, la cantidad de muertes por la Covid-19 en los Estados Unidos superaba el medio millón, y la proporción de decesos era de más de 1.600 por millón de habitantes, una de las más elevadas del mundo. Biden planeó detener el avance devastador de la pandemia con el uso obligatorio de mascarillas, el distanciamiento social y un eficaz plan de vacunación. Inicialmente prometió que para fines de julio de 2021 habría suficientes vacunas para 300 millones de estadounidenses; luego bajó el plazo al mes de mayo.

La otra epidemia que Biden se mostró decidido a combatir es la del prejuicio y el racismo sistémico. Firmó una orden ejecutiva que prohíbe la discriminación por orientación sexual en los empleos del gobierno federal, y eliminó la prohibición contra las personas transgénero de servir en las fuerzas armadas.

En sus cuatro años de gobierno, Trump fomentó el racismo y la xenofobia con sus medidas contra la inmigración y su respaldo mal disimulado al supremacismo blanco. Más de 70 millones votaron por Trump en las elecciones de noviembre de 2020, lo que demuestra que –aunque Biden ganó por amplia mayoría– las ideas retrógradas del ex presidente tienen un eco potente en un sector numeroso de la sociedad norteamericana. Muchos de los que votaron por Trump creen que la elección les fue robada, y ven al ex mandatario como un caudillo que estaba decidido a detener la conversión de los Estados Unidos en una nación más plural, con una mayor diversidad étnica en la cual el grupo blanco no hispano será otra minoría más.

Trump fracasó, pero sus ideas supremacistas se mantienen flotando en el convulso ambiente nacional. Al entrar en la Casa Blanca el 20 de enero de 2021, una de las principales tareas de Biden era encontrar una eficaz "vacuna" moral e ideológica contra la plaga del racismo en los Estados Unidos. Y al mismo tiempo, borrar el legado de Trump.

EL AUTOR

ANDRÉS HERNÁNDEZ ALENDE

Escritor, periodista y traductor nacido en La Habana, Cuba, en 1953. Estudió Periodismo y Economía en la Universidad de La Habana, y Lengua Inglesa en la escuela Julio Antonio Mella, también en La Habana. En 1983, emigró a España, donde vivió dos años en Madrid, y trabajó en la agencia de prensa Firmas Press y también como traductor independiente. En 1985, se trasladó a Nueva York, donde trabajó en El Diario/La Prensa como redactor y columnista, y estudió Lengua Inglesa en el Mercy College. En 1988, el diario El Nuevo Herald de Miami, Florida, le hizo una oferta de empleo y se mudó a Miami, donde reside actualmente con su familia. En El Nuevo Herald trabajó como columnista y redactor, y luego como director de las páginas de Opinión, hasta que se retiró del periódico en 2018. Ahora se dedica a su profesión de traductor y sigue escribiendo novelas, cuentos y artículos. Ha publicado cuatro novelas: *El ocaso*, *El paraíso tenía un precio*, *De un solo tajo* y *Bajo el ciclón*. Sus cuentos *Una noche como otra cualquiera* y *Dos coladas para Sonny Crockett* han aparecido en las antologías Viaje One Way y Miami (Un)plugged, de la revista Suburbano, y otros dos cuentos, *En manos de los piratas* –inspirado en una atracción de Disney– y *La carrera prohibida* –en realidad un capítulo de una novela que no ha terminado– fueron publicados en la revista Baquiana.

Alende escribe artículos para las publicaciones Mundiario y Suburbano, y para su blog, El Blog de Alende. El libro, *Trump, ¡estás despedido!*, un examen de los cuatro años de la presidencia de Donald

Trump, se basa en decenas de artículos sobre el empresario y político publicados en su blog, en Mundiario, en Suburbano y en El Nuevo Herald.

En 2020, terminó de escribir la novela *La espada macedonia* y ha comenzado una sexta novela, *Pandemia; el último ocaso*. En esta obra –una continuación de su novela policíaca *El ocaso*–, un detective privado de Miami debe encontrar en Madrid a la hija de un magnate de la Florida y llevarla de vuelta a los Estados Unidos, en una carrera contra reloj mientras la pandemia de la Covid-19 se acerca a España.

El libro <u>Comentario literario y lingüístico para opositores a lengua y literatura</u> es un manual muy práctico. Se trata de **modelos de comentarios literarios y lingüísticos para opositores a Lengua y Literatura** creados por dos profesores con experiencia en tribunales de oposiciones y preparadores de la Academia EPO en Murcia. Durante años, sus autores, **Ilenia Martínez Marcos y Manuel García Pérez,** han visto cómo sus alumnos requerían manuales prácticos con comentarios de texto resueltos y en donde la carga teórica fuese menor que la práctica ya que, en este tipo de oposiciones, una de las pruebas más decisivas es la del comentario práctico o análisis textual, una demostración de conocimientos en la que más opositores quedan eliminados. En su obra se nota enseguida que son profesores experimentados en la preparación de opositores, tanto de manera presencial como online, de ahí su **éxito editorial.**

Trump, ¡estás despedido!: <u>El ascenso y la caída de un magnate en la Casa Blanca</u> es el título del último libro del periodista **Andrés Hernández Alende.** Más oportuno no podía ser, ya que su obra –actualizada– llegó justo el día que **Trump** se fue de la Casa Blanca. Su libro es la crónica de los cuatro años de la presidencia de **Donald Trump** a través de un compendio de artículos. Tras una portada creada por **Antonio Sangiao,** tan excepcional que llama la atención en las redes, el lector puede recordar con sorpresa momentos desafortunados, desatinos, atropellos y arbitrariedades de una de las presidencias más polémicas y divisivas de los Estados Unidos. El autor, **Andrés Hernández Alende,** es columnista de MUNDIARIO. Escritor y periodista, nació en Cuba y vive en Miami (Florida, EE UU). También es columnista de la publicación digital *Los7dias.com* y de la revista

Suburbano, y tiene un blog, *El Blog de Alende*. Ha publicado cuatro novelas: El paraíso tenía un precio, El Ocaso –entre las cinco finalistas del Premio de Novela de Concurso Latino de 2013–, De un solo tajo y Bajo el ciclón.

Arturo Franco Taboada, un escritor que fue **finalista del premio Planeta**, firma habitual de MUNDIARIO, publica <u>31 relatos de amor y terror</u>. Se trata de una selección de **historias que podrían haber sucedido a cualquier viajero curioso a través del tiempo**. Las ciudades, pueblos y lugares que recorre el autor se convierten en escenarios imprescindibles en cada relato, como un personaje más que, a menudo, roba el protagonismo al propio narrador. El escritor **Arturo Franco Taboada** es arquitecto por la Escuela de Arquitectura de Madrid desde 1974 así como doctor arquitecto cum laude por la USC desde 1985. Es profesor titular de Universidad de la asignatura de Análisis de Formas Arquitectónicas de la Escuela de Arquitectura de A Coruña (UDC) y dirige la oficina de arquitectura ARQDIS en A Coruña. Ha publicado Los orígenes de Compostela, una historia dibujada (ensayo, Editorial Antilia); Voces de la ciudad (artículos de opinión y relatos, en Ediciones do Castro; Fragmentos renacentistas - Teatro urbano (ensayo, en una coedición del COAG y la Universidade da Coruña); La catedral del fin del mundo, una historia dibujada (ensayo, en Antilia); El legado del obispo Nigromante (novela, en Arenas), y Kemal Bazin el peregrino (relato, en Cartografías literarias del Camino de Santiago – Lobo Sapiens).

El ensayo **El regreso de China: ¿Chimérica o Telón Digital?**, publicado por **Albino Prada**, se trata de un breve **ensayo** que pretende ser útil a todos aquellos que se planteen de qué manera China podría complicar o facilitar las cosas al resto de los habitantes del planeta. **Albino Prada**, que considera que China "ya es hoy la mayor economía del mundo", analiza las mutaciones históricas de China que explican su actual situación y se plantea los retos tendrá que afrontar China en el siglo XXI. En definitiva, **resume las claves más actuales de esta potencia mundial.** El autor de **El regreso de China,** es colaborador de MUNDIARIO. Doctor en Ciencias Económicas por la USC, es **profesor de Economía Aplicada** en la Universidad de Vigo y forma parte de Ecobas y de Attac. Fue miembro del Consello Galego de Estatística, del Consello Económico e Social de Galicia y del Consello da Cultura Galega. **Albino Prada** es **autor** de Caminos de incertidumbre (Catarata), un ensayo con el que cierra la trilogía que iniciara con El despilfarro de las naciones (2017) y prosiguiera con su Crítica del hipercapitalismo digital (2019)". En marzo de 2021 publicó en Mundiediciones el ensayo **El regreso de China: ¿Chimérica o Telón Digital?.**

El libro coral La pandemia / Vivencias y relexiones compila textos escritos tras la etapa más dura del confinamiento motivado por el virus SARS-CoV-2, causante de la enfermedad de la Covid-19 y que ya provocó millones de muertos en todo el mundo. Prologado por **José Luis Gómez**, editor de *Mundiario*, el libro cuenta con las aportaciones de **Victoria Ballesteros, Judith Muñoz Macho, Cristina Murgas, Manuel García Pérez, Nazareth Castellanos, Cristina Alonso, Vicky Rego, Ignacio Sánchez León, Javier Puig, Juan José Prieto** y **Fernando Ramos**. Al igual que los demás libros de Mundiediciones está a la venta en Amazon en versiones digital e impresa, en este caso a un precio especialmente reducido.

Esta novela marca una sorprendente vuelta de tuerca a la novela romántica. Esta vez inmersa en una ucrónica Galicia de una villa costera, **Paula Cascallar** nos presenta la historia de dos jóvenes –Aloia y Xurés– que se conocieron de niños en la escuela, pero sentían un vacío hasta que la suerte de sus vidas les unió para siempre. Se verán arrastrados por una pasión irrefrenable que irá transformando la mediocridad en el mundo de sus sueños. Aunque nada debería separarles, su amor se verá obstaculizado por la obsolescencia de los valores preestablecidos. Con un final sorprendente, el lector viajará con los protagonistas por los límites de la razón desembocando en grandiosos acontecimientos.

Todas las obras de MUNDIEDICIONES se distribuyen a través de **Amazon**, donde pueden adquirirse en **versiones digital e impresa.**